U0109805

中國倫理思想研究文叢

初 編

王 澤 應 主編

第 2 冊

辨義利以盡人道
——王船山倫理思想研究（下）

王 澤 應 著

花木蘭文化出版社

國家圖書館出版品預行編目資料

辨義利以盡人道——王船山倫理思想研究（下）／王澤應 著
— 初版 — 新北市：花木蘭文化出版社，2013〔民102〕
目 2+100 面；19×26 公分
（中國倫理思想研究文叢 初編：第2冊）
ISBN：978-986-322-287-3（精裝）
1.（清）王夫之　2.學術思想　3.倫理學
190.9208　　　　　　　　　　　　　　　102012295

ISBN-978-986-322-287-3

中國倫理思想研究文叢
初　編　第二　冊　　　　　　ISBN：978-986-322-287-3

辨義利以盡人道——王船山倫理思想研究（下）

作　　者　王澤應
主　　編　王澤應
總 編 輯　杜潔祥
出　　版　花木蘭文化出版社
發 行 所　花木蘭文化出版社
發 行 人　高小娟
聯絡地址　235 新北市中和區中安街七二號十三樓
　　　　　電話：02-2923-1455／傳眞：02-2923-1452
網　　址　http://www.huamulan.tw 信箱 sut81518@gmail.com
印　　刷　普羅文化出版廣告事業
初　　版　2013 年 9 月
定　　價　初編 6 冊（精裝）新台幣 10,000 元

版權所有·請勿翻印

辨義利以盡人道
——王船山倫理思想研究（下）

王澤應　著

目次

第六章　王船山與洛克理想人格論的比較

　　任何一種倫理道德體系，都要樹立自己的理想人格，以作為人們在道德上奮鬥的目標和修養的方向。理想人格是一定的道德原則規範的結晶和道德的完美典型，是某種道德體系認定的各種善的集合，因而也是人們行為的最高標準。理想人格是現實人格的理性認定和全面弘揚，表徵著人們對做人之道的深徹體悟以及自己希圖超越現實存在以求完善的內在傾向性。日本著名倫理學家小倉志祥在《倫理學概論》一書中認為，倫理行為的主體是人格。每個人都有自己獨特的個性，但並不一定每一個人都具有人格，人格是人之所以為人的價值意識和社會確證。它的邏輯結構包括一般的自我（站在一般意識立場上的作為認識主體的自我）具體的自我（身體我、社會我、作業我、追憶我）性格我和自我自身（存在）四個層面的因素，人格的實質特性包括主體性、統一性、所有性、責任性四種最基本的規定性。正是因為人具有人格，所以人才能夠自己為自己確立人生的行為準則和理想模式。作為理想化的人格，它是超越了的現實自我，借用西格蒙德・弗洛伊德的話說，它是「超我」。超我的形成既是個體心理和個性發展的必然產物，也是社會文化、倫理道德標準和價值觀念在個體心理的積澱。超我是道德化了的自我，它所追求的是人格的完美和道德的完善，它要求自我必須按應當如何來行為，同時借助於犯罪感或負疚心不停地對人加以懲誡，使得「本我」圖謀不軌不能得逞。人類是需要超我的，超我是社會理性、文明與自我完善的化身。在中國歷史上，同超我相對等和同一的概念是大我。中國古代的思想家們，如孔丘、墨

翟、老聃，還有孟軻、荀況、莊周等均用自己特有的語言及其論證，描述了自己心目中所理想的大我形象，提出了自己的理想人格理論。

王船山全面繼承和發展了中國歷史上諸種理想人格論的精華，並結合時代和社會發展的實際及其要求，建立了他的別開生面的理想人格理論。王船山的理想人格理論，博大宏闊，涵蘊豐厚，顯示出秀冠群芳的氣魄和卓爾不群的神韻，不失爲中華倫理文明中的一朵奇葩。

在與王船山同時代的西方思想家中，比較全面而又系統地提出理想人格理論的莫過於約翰·洛克。洛克（1632～1704）是培根之後最著名的英國哲學家和倫理學家。出生於律師家庭，青年時代在牛津大學攻讀哲學和醫學。曾擔任過輝格黨領袖沙夫茨貝里伯爵的顧問秘書和家庭教師，在沙夫茨貝里升任大法官之後，他也獲得了官職，但在沙夫茨貝里敗落之後，他又隨之丟官。1675～1679 年，洛克遷居於法國。回國後不久因沙夫茨貝里再度敗落而逃往荷蘭，直到 1688 年英國光榮革命成功後才回到英國，並應邀在新政府擔任上訴法院院長和貿易、殖民大臣等官職。1704 年 10 月 28 日病逝於歐茨，享年 72 歲。晚年的洛克，主要從事於自己思想的整理和著作的出版，主要著作有《人類理解論》、《政府論》、《論宗教寬容》、《教育漫話》等。在政治上，洛克是資產階級和新貴族的代表，主張和擁護君主立憲制政治，提出國家分權的原則，哲學上發展了培根的唯物主義經驗論，認爲人的心靈原來只是一張白紙，人們的一切知識和觀念均來源於感覺經驗。在倫理觀上，批判天賦道德論，提出人們接受道德原則不是由於它是天賦的，而是因爲它對人有利；進一步論證和發展了弗·培根所提出的功利主義理論。在洛克的整個倫理思想體系中，關於人格和理想人格的學說佔有著非常重要的地位。他在《教育漫話》等著作中，適應資產階級新貴族立身行世、處事待人的社會需要，全面地論述了當時資產階級所推崇並爲後來英國上流社會普遍效法的紳士人格。如果說王船山所提出的君子人格集中反映了中華民族的倫理精神和人格風範的話，那麼完全也可以說洛克所描畫和闡釋的紳士人格則更爲形象生動地展現了英吉利民族的倫理精神和人格風範。比較王船山與洛克的理想人格理論，不僅有助於我們深入系統地瞭解把握王船山與洛克倫理思想的體系結構及其基本特徵，更有助於我們科學地認識中華民族與英吉利民族的倫理精神與人格追求。

一、王船山的理想人格論概述

　　船山的理想人格論全面繼承和發展了孔孟儒家所提出的君子人格論，同時又賦予其全新的意蘊，使得君子這一古老的人格形象煥發出勃勃生機，成爲炎黃子孫競相效法的楷模或人格目標。王船山所描畫的君子人格，具有知情意和衷共濟、德才學全面發展的韻味和特質，是道德人格、意志人格和智慧人格的辯證統一。

　　在王船山看來，君子是在人間弘揚聖人之道從而與天地通理的偉大人物，君子通過「尊德性而道問學，致廣大而盡精微，極高明而道中庸」的修德達善、成人成己以及製作施諸活動，與天地之正者參，「盡其當然以使可繼，留其有餘以使可裁。」君子與聖人既有聯繫又有差別，「聖人之道，天道也；唯聖人之德，天德也」，聖人與天通理，是至德至誠的化身，因此聖人已經達到與天道的高度合一。君子是修道貴德的人格類型，他以修德凝道而體天盡性，以其無欲者秉天下之至正，無私者建天下之至公，進而使道無不明而宜乎於事，事無不察而合乎於理。可以說，君子是聖人在人間和現實生活中的化身，君子修德至於篤恭，達於盡善盡美，即爲聖人。君子是社會生活和人世需要的產物，既有現實性又有理想性，既崇高無比又切近平凡，故可爲人人所效法、摹仿和學習。

（一）君子小人之辨

　　王船山認爲，君子這種理想人格的本質特徵是通過君子小人之辨表現出來的。君子小人之辨聯結和貫通著義利理欲公私正邪之辨，同時也確證著人禽夷狄文野之辨的內容。君子小人之辨是一種探尋理想人格的價值建構活動。船山指出：「君子，體道者也。誠明之，誠行之，而其道建焉。所率吾性以修者，求之於不見不聞之地，闇然而藏之；而存諸中者厚，則發諸外者盛，其闇然之內美日章也。小人，反乎道者也。所知者妄，所行者妄，而自以爲道焉。無所忌憚以爲有者，徒徇乎事物之迹，的然其可表見也；而居之無本，則行之無恒，其的然之外飾日亡焉。」〔註1〕正是由於君子體道小人反乎道，決定了君子同小人在其他一系列行爲方面的差異。

　　（1）君子喻於義，小人喻於利。在王船山看來，「君子之立志，早處於至正，而此心之所安所不安，自信於幽獨，有非人之所能知者。因是而博求

〔註1〕王夫之：《四書訓義》卷四，《船山全書》第 7 冊，嶽麓書社版，第 236 頁。

之於古今邪正之辨，事物得失之幾，皆審其所以然之理，於是而有如此則見爲宜焉，不如此則見爲不宜焉。宜於理，乃以宜於事；宜於人，乃以宜於己。條理之不可紊，井井然諒於其中，廣譬博引，而卒無以易。其於義也，誠喻之世，非浮擬一義之名而慕之也。」反之，小人之立心，則一意於從欲，「而此心之欲爲與不欲爲，專求其自便，有不可以告人者。因是而巧伺夫人情之合離，事勢之變遷，於以皆察其可以相乘之機，於是而如此則可以有所得，不如此則必至於有所喪，小有所喪而大有所得，苟有所得而可不憂所喪，操縱之有其權，亦井井然諒於其中，廣譬旁引，而皆如其算。其於利也，誠喻之也，非偶動於利而從之也。」〔註2〕換句話說，君子行爲的動機和宗旨是求義，他只問義不義而不問利不利，合乎其義則毅然爲之，不合其義雖但於自己有利則亦不爲也。君子之於義，終身由之而不倦，在君子看來，不義而富且貴，於我如浮雲。君子之心，渾然天理，道義之所充實，處困窮而無不自得，「使不義而富且貴，如太虛之中忽而有浮雲焉，非太虛之所有，而必不終有也，其於我何哉？此吾之所以自得於心，而可以與天下共信之者也。」〔註3〕君子之於天下也，無適也，無莫也，義之與比。天下之待於君子者無窮，而君子則以義應之，以義應之就可以合乎人心，順於天理，義處其常而守其常，義當其變而隨其變，從容不迫，應對自如。反之，小人行爲的動機和宗旨則是求利，他關心的是對自己有利還是有害而不是合不合乎道義，利之所在雖千仞高山無所不上，萬頃深水無所不下。「小人者，智不出咫尺，識不越旦夕，而心之所欲，身之苟安，則汲汲以求之，而他皆所不顧，故役其聰明於斗筲之中，以精察其多少得喪之數，遂自謂天下之至巧。」〔註4〕小人之於利，寤寐以之而不忘，殫智竭力以謀之，他們只知求食求匹偶求安居，「終日勞而不能度越於祿位田宅妻子之中，數米計薪，日以挫其志氣，仰視天而不知其高，俯視地而不知其厚，雖覺如夢，雖視如盲，雖勤動其四體而心不靈」。〔註5〕

（2）君子求諸己，小人求諸人。君子是道德行爲的積極主體，在待人處事上總是嚴於律己寬以待人。「君子於事之未成也，人情之未得也，行焉而有

〔註2〕 王夫之：《四書訓義》卷八，《船山全書》第7冊，嶽麓書社版，第381～382頁。

〔註3〕 王夫之：《四書訓義》卷十一，《船山全書》第7冊，嶽麓書社版，第497頁。

〔註4〕 王夫之：《四書訓義》卷八，《船山全書》第7冊，嶽麓書社版，第382頁。

〔註5〕 王夫之：《俟解》，《船山全書》第12冊，嶽麓書社版，第479頁。

所不達也，皆反求之己，曰：我之未仁與？我之未知與？求之未得，則必得焉；求之已得，而更有得焉。是以道盡而無憂，而反躬不愧也。」正是因為君子求之於己，躬自厚而薄責於人，「道所宜盡，恐有不盡，自責而無已時」，正因為君子不患人之不己知，患不知人也，所以君子能遠怨寡憂。責己厚故身益修，責人薄故人易從，所以君子不得人之怨尤。王船山指出：「夫君子即不可徇流俗，而何致斂怨於人哉？自為君子而欲人之共為君子，意甚厚也，而不知天下之不可以卒厚也。」〔註6〕君子善於反躬內求，嚴於解剖自己，因此能夠使自己不斷進步，日臻完善，同時也能夠善於處理同他人的關係，矜而不爭，群而不黨，「君子之於天下，有持己之恒度焉，有處人之令儀焉。其持己者，即以處人，而天下安之；其處人者，即其持己，而吾身不失。蓋君子之持己也，矜也；名節在於我之自立，必不能與流俗同其志趣。而本天以全吾之名節，非與天下之滅廉毀恥者競得失，不爭也；則持己嚴，而於與人也亦無忤矣。君子之與人也，群也；和平一因其性情，原不忍棄斯人於異類。而本以養吾之和平，非欲藉天下之依附比周者共功利，不黨也；則與人寬，而於持己終無損矣。」〔註7〕反之，小人則不同，小人不能正確認識和對待人我之間的關係，既不善於反躬內求，又不善於與人相處，既缺乏自信自立自強自主的精神和氣質，又缺乏自控自制自律自守的能力和品性，「小人幸事之可成也，人情之可詭合也，行焉而乘便以有功也，皆求之於人，曰，是其可以智取也，是其可以利誘也。求之而未合，必思合焉；求之已合，又恐其不終合焉。是以一時詭遇，而失節終身也」。〔註8〕小人有乖戾之心，阿比之意，人云亦云，隨波逐流；他們以利為趨，以權相附，以黨相依，「乃其挾己私之各異，而陰圖以相傾，則有含忌蓄疑而難平者也。」〔註9〕

　　正因為君子求諸己，故君子和而不同，周而不比；正因為小人求諸人，所以小人同而不和，比而不周。船山在闡釋孔子「君子周而不比，小人比而不周」時說道：「君子無所施愛敬於天下，則無以廣君子之仁；小人無所施納結於天下，則無以濟小人之惡。於此而君子小人之心術品行，遂以別矣。君子之用情，因其心之大公，而無所吝者也。故凡情之所必厚，分之所必隆，

〔註6〕　王夫之：《四書訓義》卷十九，《船山全書》第7冊，嶽麓書社版，第844～849
　　　　頁。
〔註7〕　王夫之：《四書訓義》卷十九，《船山全書》第7冊，嶽麓書社版，第850頁。
〔註8〕　王夫之：《四書訓義》卷十九，《船山全書》第7冊，嶽麓書社版，第850頁。
〔註9〕　王夫之：《四書訓義》卷十七，《船山全書》第7冊，嶽麓書社版，第759頁。

理之所必推，但可施也，則從而徧及之，無所遺也，如是者謂之周。唯其周也，則因物付物，而各予以應得，未嘗有所偏繫，相親相附，而至於失己以徇人，其不比必矣。小人之用情，唯其心之所私，而相與暱者也。故惟情之所狃，勢之所倚，利之所趨，雖不可施也，必極致其厚，無有餘也，如是者謂之比。唯其比也，則黨同伐異，而相隨以波靡，不能有所推廣，汎愛曲容，以處於寬厚，其不周也必矣。」〔註10〕君子義以為質，與人相處皆能盡心盡力，一視同仁。亦即能大公無私、無所偏吝，故周而不比。小人利以為心，與人相處惟人之所狃，利之所趨，故常常因其好惡而分其親疏厚薄，同我者從之，異我者違之，黨同伐異，是謂比而不周。

（3）君子坦蕩蕩，小人常戚戚。君子胸襟開闊，視野遠大，小人鼠目寸光，胸懷狹窄，故君子能容人容物，體天恤道，常常舒泰而安然，小人則不能容人容物，固守己私，往往憂戚而忿悶。「今夫君子，言則順焉；行則安焉；窺其容，若夷然高望而遠視焉；觀其儀，若泰然從容而自肆焉。境之逆順，皆可受也；事之得失，皆有餘地以自居也。其蕩蕩然廣遠者，平易如是，險阻如是，蓋坦蕩蕩也。」〔註11〕君子坦蕩蕩，是說君子具有高遠恢宏的志向和大公無私的情懷，以天下為己任，以四海為一家，「其居則天下之廣居也，涵四海萬民於一心，使各遂其所，仁無不覆也。所立則天下之正位，定民彝物則之常經，而允執其中，禮無不協也。所行則天下之大道，酌進退辭受之攸宜，而率禮不越，義無不審也。」〔註12〕以天下為己任，以四海為一家，故任重而道遠。既然君子所任者重，所行者遠，那就應該弘大剛毅，擴其情而與萬物同情，推其理而與天地同理，歷物無盡而不為物屈，處變無方而不為變移。「任之重而不弘焉，則不足以盡所任之量，而載其所任之實，以為愧疚於天人；故不可以不弘，而非侈外物以失其居約之體。任之重而所行之道又遠，而不毅焉，雖則或足以勝所任於始而不能以其所任歷無窮之道，而善其成以克全其終始；故不可以不毅，而非過任氣以傷其澹定之天」。〔註13〕在王船山看來，弘即寬廣，毅即強忍，非弘不能勝其重，非毅無以致其遠。任

〔註10〕王夫之：《四書訓義》卷六，《船山全書》第 7 冊，嶽麓書社版，第 300 頁。
〔註11〕王夫之：《四書訓義》卷十一，《船山全書》第 7 冊，嶽麓書社版，第 522～523 頁。
〔註12〕王夫之：《四書訓義》卷三十，《船山全書》第 8 冊，嶽麓書社版，第 360 頁。
〔註13〕王夫之：《四書訓義》卷十二，《船山全書》第 7 冊，嶽麓書社版，第 537～538 頁。

重要求有任重的意識和情懷，天理有一之不存，則廢天地之心；人情有一之不得，則墮萬物之命。道遠更要有道遠的準備和膽識，一日未死而有一日必應之物理，一日未死而有一日必酬之變化，一息尚存仍須衝鋒不減戰鬥不止。這樣，君子又何來憂戚忿悶，又何生煩惱怨艾？！只有小人，只有生於利之鄉，長於利之途、沉沒於利之中的小人才會自尋煩惱自生怨艾。「今夫小人，言若有不舒焉；行若有不利焉；窺其容，若有所失而不愉焉；窺其儀，若有所迫而不能已焉。行之利鈍，皆無以自信也；物之愛憎，皆不能自必而不寧也。其戚戚憂蹙者，一日如是，終身如是，蓋長戚戚矣。」〔註14〕謀利計功、數米計薪的小人既然以遂欲達情為人生的唯一目的和要義，那麼他就會執著於功名利祿的求取和人生欲望的滿足，然而社會滿足人們欲望的條件是有限度的，塵世提供給人們物質利益的指數是既定的，當著人們的欲望超過滿足欲望的條件時，煩惱困頓以及挫折之情感便會油然而生。小人既然是為利而生，那麼他求利的欲望則是沒有止境的。「天地之大、山海之富，未有能厭鞠人之欲者矣。故有餘不足、無一成之準，而其數亦因之。見為餘、未有餘也，然而用之而果有餘矣。見其不足、則不足矣，及其用之而果不足矣。官天府地山海、而以天下為家者，固異於持贏之賈、積粟之農，愈見不足而後足者也。」〔註15〕

　　為什麼君子坦蕩蕩、小人常戚戚呢？根本點在於君子懷德，小人懷惠，君子大公無私，小人自私自利。君子自信，小人不自信。自信則安，不自信則危。「求而得則無怨尤，欲而不遂則多憂患。天理之當然，在吉凶萬變而皆有以自處；外物之得失，不能必獲而自不能已於憂。義利理欲之數，大小安危之分，存於中，見於外，未有或爽者。辨君子小人者，於此而審矣。」〔註16〕君子不同於小人在於以德應天下，君子者，德成於己，存於中而發於外，皆莫非德之所及。

　　（4）君子中庸，小人反中庸。中庸之道是一種最高的行為準則和價值目標，也是一種最高的行為品質和道德境界。君子之所以為中庸者就在於君子有君子之德。他能夠完好地履行道德義務使其隨時以處中，適乎其道，合乎中庸。「唯君子也，則體中庸之德於心，而修中庸之道於天下，則中庸之統在

〔註14〕王夫之：《四書訓義》卷十一，《船山全書》第 7 冊，嶽麓書社版，第 523 頁。
〔註15〕王夫之：《詩廣傳》卷三，北京：中華書局 1964 年版，第 77 頁。
〔註16〕王夫之：《四書訓義》卷十一，《船山全書》第 7 冊，嶽麓書社版，第 523 頁。

君子矣……蓋君子之能與中庸合也，實有其修之之功矣。既知道之不可離，而存養省察之嚴以自愼其德，則知自盡其爲君子之實矣；而於應事接物之際，又能斟酌理之所宜，因時之應然者以處之，而無過不及之差焉；此其所以成乎爲君子，而體備乎中庸也。」〔註17〕中庸這樣的美德，只有君子才能夠體之而後行之。君子周而不比，和而不同，群而不黨，本質上體現了中庸的品格，同時君子還在「尊五美」的實際行爲中踐履了中庸的德性。王船山指出：「尊五美者，君子之道也。道其要成，不要其始；求盡於心，不求飾於迹。故惠疑於市恩，勞疑於召怨，欲疑於徇己，泰疑於傲物，威疑於傷重。如其不必費己，而恩無不足；不至召怨，而怨自相忘；以無所貪爲欲，而不嫌於欲；泰於己而非驕於人；人見其威而不憂其猛；出入於人己情志之間，無所爲而不協於善，」〔註18〕因此，君子不僅能做到惠而不費，勞而不怨，欲而不貪，泰而不驕，威而不猛，而且還能做到溫而厲、恭而安。小人則不同，小人不能體備中庸之德，其行爲往往走極端，造成對中庸美德的破壞。小人之所以反中庸者在於小人純依小人之心，孳孳於謀利計功、怙私從欲，而又無所忌憚。「夫小人之與中庸動而相違者，固有以成乎其惡矣。妄以其可離之爲道，而任其私欲之發以喪失其本心，則既成乎小人之品，而於應事接物之際，唯其私智小有才之所能爲則爲之……無所忌憚以快其私焉，此其所以與中庸相反，而終爲小人也。」〔註19〕

王船山的君子小人之辨，除了以上所述之外，尚有從言行動作、儀表體態等方面來論君子小人人格之差異，旨在更好地展現君子這種理想人格在道德上的豐富涵蘊。從總體上說，王船山的君子小人之辨，是爲論證理想人格的道德品質和處世風範服務的，含有推崇和弘揚道德，激勵人們不斷實現道德上的自我完善的積極作用。

（二）君子人格的人格特質

在王船山那裏，君子作爲理想人格，不但是道德化的理想人格，而且也是社會化和文明化的理想人格。這種理想人格具有全面發展的人格特質，是

〔註17〕王夫之：《四書訓義》卷二，《船山全書》第 7 冊，嶽麓書社版，第 110～111 頁。

〔註18〕王夫之：《四書訓義》卷二十四，《船山全書》第 7 冊，嶽麓書社版，第 996 頁。

〔註19〕王夫之：《四書訓義》卷二，《船山全書》第 7 冊，嶽麓書社版，第 111 頁。

道德人格、智慧人格和意志人格的辯證統一，也是身成與性成的辯證統一。

（1）君子是道德人格、智慧人格和意志人格的辯證統一。在王船山看來，君子不僅是道德的楷模和厚德載物的仁者，而且也是知識的精英和格物窮理的智者，更是意志的強者和頂天立地的大丈夫。君子是道德的楷模表徵出君子崇德弘道的品格，君子以體道行德爲職志，關心和考慮的是自己的道德行爲是否合乎中道，道德情懷是否高遠明達，道德境界是否大公無私，因此君子謀道不謀食，君子憂道不憂貧。「夫君子以道爲有生不容已之事，則所以與之合而盡其致者，學焉，思焉，營求於終日者此也。若其於食，則因其自然，安其所固然，於可得而弗失之計，未常屑以心知圖之也。」〔註20〕正因爲君子謀道不謀食，所以君子才無終日之間違仁，顚沛必如是，造次必如是，達到安仁的境界。「故君子靜有存焉，動有察也，瞬息不忘，而一乎天理也，雖終日無違也。從容而養之，此心此理而已。即至於意所不謀而忽接之境，事無足輕重而可以忽略之處，猶是仁也，必不違也。安常而存之，此心此理而已。即至於無可避之患而重爲身患之日，無可安之心而因其心以不寧之地，猶是仁也，必不違也。」〔註21〕君子安於其仁，然後才能寬以待人，順以受物，以成博大無私之氣魄，與天地相參之。

不僅如此，君子還是學而不厭、誨人不倦的智者，他善於用自己的感官觀審事物的形象原委，善於用自己的心思去探明和發現天道人事的眞諦及其規律。君子在格物致知的過程中能夠做到即物以窮理，內取諸身外取諸物，既不廢聞見而孤恃其心，也不絕物以爲知，能夠把學習與思考有機地結合起來，君子求學致知不墨守成規，不崇拜教條，能夠啓動自己的耳目心思等官能，進行獨立的思考，以求發現新的事理，開拓新的領域，能夠「分言之則辨其異，合體之則會其通」，「學成於聚，新故相資而新其故；思得於永，微顯相次而顯察於微」。

同時，君子也是意志堅強、頂天立地的大丈夫。君子志行高潔，氣魄宏大，操守貞嚴，有浩然之氣可以率天，有堅貞之志可以配道，因此他能不爲世所顚倒，富貴不能淫，貧賤不能移，威武不能屈。「如此者，天之命我爲丈夫，以陽剛至健之理氣役使萬物，宰制群動；而我浩然之氣與天相配，不使

〔註20〕王夫之：《四書訓義》卷十九，《船山全書》第 7 冊，嶽麓書社版，第 859～860 頁。
〔註21〕王夫之：《四書訓義》卷八，《船山全書》第 7 冊，嶽麓書社版，第 364 頁。

陰幽柔媚之氣乘運數以蕩我而靡之。」〔註22〕君子即令處逆亂垂亡之世,亦能夠「憔悴枯槁,以行乎憂患,而保其忠厚。」他敢於面對人生的坎坷與挫折,在嚴峻的生活考驗面前,能夠「保初終之素」,「履凶遊濁,守貞篤志,正己而不與俱汩。」〔註23〕君子不是那種隨波逐流、風吹草動、朝令夕改的小人,他會堅守自己的德操,固著自己的人格尊嚴,「歷乎無窮之險阻而皆不喪其所依」,「若其權不自我,勢不可回,身可辱,生可捐,國可亡,而志不可奪。」〔註24〕

　　總之,王船山的君子人格是道德人格、智慧人格和意志人格的辯證統一,是仁人志士和智者的完美結合。文質彬彬,然後君子。君子博學於文,而又約之以禮,然後又能位之以莊。王船山在《示子姪》一文中,以極其形象的語言,描畫了他心目中所崇尚的君子人格。「前有千古,後有百世。廣延九州,旁及四裔。何所羈絡,何所拘執?……瀟灑安康,天君無繫。亭亭鼎鼎,風光月霽。以之讀書,得古人意。以之立身,踞豪傑地。以之事親,所養惟志。以之交友,所合惟義。惟其超越,是以和易。光芒燭天,芳菲匝地。深潭映碧,春山凝翠。壽考維祺,念之不昧。」〔註25〕這種「光芒燭天、芳菲匝地」的人格美,何其崇高,又何其偉大!它使人性得以全面的弘揚,人的本質得以完整的體現,人的價值得到充分的確證、人的尊嚴得到長足的反映!真是光明峻偉,「屹立群峰之表」!「等閒識得東風面,萬紫千紅總是春?」做人就是要做這種新美如畫、全面發展的君子。「如木有根,萬紫千紅,迎風笑日,駘蕩春光,纍垂秋實,都從此發去」。〔註26〕

　　(2)君子是身成與性成的統一。王船山認為,君子人格是高大完美的成人,他身體健康,心理精良,無愧於天地、塵世與人生。君子是身成與性成的有機統一。所謂身成,就是以道體身,充分擴展和弘揚天賦予人的「二氣之精,五行之粹」,使自己的耳目口鼻體心諸官能均得到健康的和諧的發展,使人的潛能發揮到最佳狀態。王船山指出:「君子之自求於威儀,求諸色、聲、

〔註22〕王夫之:《四書訓義》卷三十,《船山全書》第 8 冊,嶽麓書社版,第 360 頁。
〔註23〕王夫之:《周易大象解·大過》,《船山全書》第 7 冊,嶽麓書社版,第 714 頁。
〔註24〕王夫之:《續春秋左氏傳博議》卷下,《船山全書》第 5 冊,嶽麓書社版,第 618 頁。
〔註25〕王夫之:《王船山詩文集·薑齋文集》卷四,北京:中華書局 1962 年版,第 56 頁。
〔註26〕王夫之:《王船山詩文集·薑齋文集》卷四,北京:中華書局 1962 年版,第 56 頁。

味也。求諸色、聲、味者，審知其品節而慎用之，則色、聲、味皆威儀之章矣。目歷玄黃，耳歷鐘鼓，口歷肥甘，而道無不行，性無不率。何也？惟以其不盲、不聾、不爽者受天下之色、聲、味而正也。」〔註27〕健全的身體建立於形體的各個部分合於當然之則的基礎之上，起居飲食服飾均應以有益於身體的健康和心理的平衡為準。在王船山看來，人活著離不開飲食，食五穀六牲而生者，君子小人之同也。人不吃飯就要餓死。可見飲食之為用大矣。他充分肯定飲食在人類生存和發展中的地位和作用，指出：「況食也者所以資生而化光者乎。」〔註28〕「飲食之道，味以養陰，氣以養陽。養陰者，非但養其血也，即所以養夫人柔順潔清之德也。養陽者，非但以養其氣也，即所以養夫人剛健文明之德也。血氣清，而性情亦正矣。」〔註29〕船山在解釋孔子「食不厭精，膾不厭細」的飲食方式時把食與膾當作食之大者，認為君子「精與細則必所食矣，然不必精細而亦未嘗不食也」，亦即君子不挑食，暈素精粗皆宜，當然食品要衛生、新鮮，不能有害健康。他說：「食之也有損，則必卻而不食。以食則饐之失宜而傷於淫，或宿之已久而味為變；以膾則魚腐而中餒，內腐而外敗。凡食與膾，雖未至於壞，而色以失其故，臭已非其常，即或新而非陳，然而宜熟者不熟，不宜糜爛者而糜爛，此何為陳於君子之前哉？〔註30〕那些糜爛變質、腐壞生臭的食物，君子是不會吃的，因為它會有害於健康。君子喝酒吃肉都有一定的考究或注意，即以適度為宜，不必過量。「酒肉，養之豐者也，而肉則以食為主矣，酒則以適為度矣。肉雖不妨於多食，而不使勝於食氣，食清而肉濁也。酒雖不必有定量，而觥觴交錯，亂其節矣，則有不當飲而飲者，味重而志亦移也，不及亂也。」〔註31〕在飲食方面，君子不同於小人的地方在於「小人貪饕而無擇，遂習而以為美焉，」而君子則持慎重的態度，講求適中與合宜，「唯其慎也，故動作而有語有言，君子之出身而加乎物也。食以養性，寢以息神，君子之頤生而善乎己也。」〔註32〕在服飾方面，君子「亦非求異於人也，盡人之所當服，情與事相稱，而理

〔註27〕王夫之：《尚書引義》卷六，《船山全書》第 2 冊，嶽麓書社版，第 409 頁。
〔註28〕王夫之：《詩廣傳》卷五，北京：中華書局 1964 年版，第 154 頁。
〔註29〕王夫之：《四書訓義》卷十四，《船山全書》第 7 冊，嶽麓書社版，第 619 頁。
〔註30〕王夫之：《四書訓義》卷十四，《船山全書》第 7 冊，嶽麓書社版，第 619～620頁。
〔註31〕王夫之：《四書訓義》卷十四，《船山全書》第 7 冊，嶽麓書社版，第 620 頁。
〔註32〕王夫之：《四書訓義》卷十四，《船山全書》第 7 冊，嶽麓書社版，第 621 頁。

出其中矣。衣之有緣，以致飾也，採素各有其宜。」君子穿衣不但以適體而且以飾躬，「體以之適，固無取乎矯世而違寒暄之度，而由其有衣裳也，拱揖以莊焉，步趨以整焉，目視其色而情以宜焉，身習其文而志以寧焉」。〔註33〕君子在著裝方面的總體要求是宜文則文，宜簡則簡，「暑則葛，寒則裘，以順時而適體也」，「盡其質文以養氣體者。」同時要洗淨燙潔，使「衣無不潔也」。總之，爲了身體健康，君子必使耳目口體之欲合於當然之則，使其衣服飲食居處不失其度，不違於時，培養起整潔、衛生、文明的生活方式和生活習慣，使氣無不暢，體無不康。

　　所謂性成就是以身體道，充實和豐富自己的內心世界，培養優良的道德情感和道德品質，形成堅強的道德信念和道德意志，造就自己的道德人格。「成性者，此一陰一陽健順知能之道，成乎人而爲性，則知以致知，禮以敦行，固其性之本有也。存存，存其所存也。存乎人者，因而存之，則道義皆繇此出矣。知以極道之藏，而道凝爲德；禮以顯義之實，而義分乎業。一崇一卑之分明而相得以合，下學上達，聖功成矣」。〔註34〕在王船山看來，君子不僅能夠以道體身而成身成己，而且能夠以身體道而成性成人。「眾人不知性，君子知性；眾人不養性，君子養性。是君子之所性者，非眾人之所性也。聲色臭味安佚，眾人所性也。仁義禮智，君子所性也；實見其受於天者於未發之中，存省其得於己者於必中之節也。……故性者，眾人之所同也；而此以爲性，因以盡之者，君子所獨也。」〔註35〕君子不僅能知性養性，而且能盡性成性，成爲高大完美的成人。「成人者，亦成乎其所以爲人而已。今使有人焉，其智足知，其廉足守，其勇足任，其藝足用，而行之無度，出之不和，則於倫物之缺陷既多，而納之於士君子之林，則耳目熒而手足不適，未得滿於人之心，即其有歉於人之理也。夫才則取其可以學焉者足矣。若臧武仲之勇，以達於事理可也；公綽之不欲，以守其志操可也；卞莊子之勇，以不憚於爲可也；冉求之藝，以不廢於事可也。能以如此之才而知學焉，於禮樂也，習其文，明其數，研其理，達其情，涵泳之久，不能自已，節其才之有餘，引其才之不足，則天與之以可學之姿，而自盡其涵養率由之能，則人之所爲人者無所駁雜，而以順天地之氣、精萬物之用

〔註33〕王夫之：《四書訓義》卷十四，《船山全書》第 7 冊，嶽麓書社版，第 613～615 頁。

〔註34〕王夫之：《周易內傳》卷五，《船山全書》第 1 冊，嶽麓書社版，第 535 頁。

〔註35〕王夫之：《讀四書大全說》卷十，《船山全書》第 6 冊，嶽麓書社版，第 1129～1130 頁。

者成。」〔註36〕成人有良好的自然稟賦並且善於在後天發展自己的自然稟賦，利用其智以通達事理，利用其廉以堅守志操，利用其勇以推動行爲，利用其藝以完成事業。「人之爲道也，有自然之質，有可盡之能。自然之質則既別於物矣，可盡之能尤人之所獨。」自然之質是身成的表現，可盡之能是性成的確證。通過發揮自己的可盡之能，不僅可以促進自然之質的良性生長，而且還有利於糾正個人稟賦中的偏蔽成分。

　　在王船山看來，以道體身的身成和以身體道的性成是相互滲透、互爲功用的，健康的心理寓於健康的身體之中，而健康的身體又必須以健康的心理作指導和予以調節。「身者道之用，性者道之體。合氣質攻取之性，一爲道用，則以道體身而身成；大其心以盡性，熟而安焉，則性成。身與性之所自成者，天也，人爲蔽之而不成。以道體天，而後其所本成者安之而皆順。君子精義研幾而化其成心，所以爲作聖之實功也。」〔註37〕性成源於身成，身成包含有性成的因素。一個人只有在飲食起居、見聞言動中使聲色臭味之欲皆順其道，使耳目心思都能得到和諧的全面的發展，才能成性之善，成爲像湯武周公那樣的聖人。人的身體是生命的物質載體，也是人之靈魂、精神、道德得以寄居、發展的寓所和基礎。沒有人的身體，何談人的精神。同時，維繫身體的物質欲求，滿足身體的各種需要本身就與倫理、道德、人性之發展相輔相成。「形者性之凝，色者才之撰也。故曰，湯、武身之也，謂即身而道在也。道惡乎察？察於天地。性惡乎著？著於形色。有形斯以謂之身，形無有不善，身無有不善，故湯、武身之而以聖」。〔註38〕人體沒有什麼不善的地方，如果利用人的形體而導致了不善，那並非是形體本身的不善，而是人們沒有正確調適人的形體，發揮人之形體的功能，是「遺其精而用其粗。」人的形體是大自然的傑作，它有著許多不同於動物的地方，「夫人之有是形矣，其虛也靈，則既別乎草木矣；其成質也充美而調以均，則既別乎禽獸矣。體具而可飾其貌，口具而可宣其言，目具而可視夫色，耳具而可聽夫聲，心具而可思夫事，非夫擢枝布葉，植立麋生之弗能爲牖矣。是貌、言、視、聽、思、者，恭、從、明、聰、睿之實也。」〔註39〕

〔註36〕王夫之：《四書訓義》卷十八，《船山全書》第 7 冊，嶽麓書社版，第 780～781頁。

〔註37〕王夫之：《張子正蒙注・中正篇》，《船山全書》第 12 冊，嶽麓書社版，第 161頁。

〔註38〕王夫之：《尚書引義》卷四，《船山全書》第 2 冊，嶽麓書社版，第 352 頁。

〔註39〕王夫之：《尚書引義》卷四，《船山全書》第 2 冊，嶽麓書社版，第 353 頁。

當然，身成只有成爲性成的基礎並進而發展、擴充人性才有意義和價值，厚生珍生是爲了更好地正德務義。王船山認爲，思想的僵化與陳腐，心靈的空虛與絕望是最爲可悲的，「人莫悲於心死，而身死次之。魂棲於陰，魄蕩其守，高天不能爲之居，杲日不能爲之照，呼籲沉浮而大命去之，古今敗亡之相積、未有不由此者也」。〔註40〕如果不能成性，人怎麼能確證自己爲人呢？！王船山已經意識到吃飯是爲了活著，但活著決不只是爲了吃飯的道理，主張爲遠大的理想和抱負而活著，以身任天下，建一代規模，在改天換地、革故鼎新的偉大實踐中立德立教立功立名，實現內聖與外王的合一，使人生放射出奪目的光輝，進而與天地同在，與日月齊光！

二、洛克的理想人格論概述

英國民族所崇尚的理想人格是紳士人格，這種紳士人格的最先描述及其理論確證當推洛克。洛克在 1692 年出版的《教育漫話》一書中提出了英國教育的目的在於培養和造就紳士人格，並就紳士人格的內涵及其人格特質作了充分而深刻的闡釋論證。

洛克認爲，紳士是資產階級和新貴族做人的理想目標，是資產階級和新貴族道德規範和價值觀念的凝結及其表現。紳士不是天生的，而是通過自己的行爲和道德實踐自我塑造的，他是正直的、忠實的、向上的、勤儉的、克制的等無數優秀美德的集合併具有冷靜的理智和卓越的才幹，兼道德家與事務家於一身，充滿著勃勃朝氣和溫文爾雅的風度，總之，紳士人格是英吉利民族各種美好觀念和人生理想的化身，是人人都應該努力以求、競相效法的人格典範。

（一）紳士人格的德行與品質

洛克認爲，德行就是被社會所肯定、人們所稱讚的行爲，是使人成爲一個理性動物並獲得幸福的重要手段。最初人們是憑其趨樂避苦的自然趨向以及滿足感官享受的本能欲望行事的，但結果卻造成了欲望的泛濫，形成「一切人對一切人的戰爭」、「人對人像狼一樣的狀態」，使人們的利益不能得到正當的實現或保障。爲了約束和限制那些泛濫的欲望，人們從維持自己的利益出發，逐漸形成和制定了一些道德規範，並通過社會評價把那些符合道德規

〔註40〕王夫之：《詩廣傳》卷四，北京：中華書局 1964 年版，第 129 頁。

範的行為認可為德行或善行，把那些違背道德規範的行為視為惡行。通過社會評價，德行在人們行為中得到普遍確認並成為規約、制裁人們行為的重要的人格力量。洛克指出，正是由於德行的這種人格力量，使得人們把培養和造就自己的德行看作是關涉人之為人的本質的重大問題，形成了受到神法和國法制裁、刑罰卻並不感到難堪，而受到道德規範指控、譴責卻感到無地自容的心理和行為反映。我們常常看到這種情況，如果人們被指控為缺乏德行時，就會受到普遍的憎惡和鄙棄，因此就很難挺著脖子、厚著臉皮活下去，他一定會因無法忍受朋友們的厭惡和非難而痛不欲生。

　　基於此種認識，洛克認為，在一個紳士的人格構成中，「德行是第一位的，是最不可缺少的；他要被人看重，被人喜愛，要使自己也感到喜悅，或者也還過得去，德行是絕對不可缺少的。如果沒有德行，我覺得他在今生來世就都得不到幸福。」〔註41〕德行比人情世故更難獲得，也正因為如此它才具有最高的價值。「德行愈高的人，其它一切成就的獲得也愈容易。因為凡是能夠尊重德行的人，對於一切合於自己的事是不會採取一種執拗或倔強的態度的。」〔註42〕

　　德行是品質的表現，品質包含著德行。品質是人格的德性部分，在人格結構中佔有著非常重要的地位。品質即是人品，它確證著人格的德性或精神等級。洛克認為：紳士人格的品質，主要有：仁愛、智慧、勇敢、慷慨、節制等。仁愛即是愛別人和善良地對待別人，對人富有同情心。洛克指出：「一切不公道的事情通常都是因為我們太愛自己，太不知道愛人之故。」〔註43〕為了尋求公道，我們必須走出自我的圈子學會愛別人和與人和睦相處。仁愛是人類最基本的道德品質，它反映了一個人的人品及其教養程度。紳士之所以是人們應當效法和學習的理想人格就在於他具有仁愛的美德，他能夠與一切人友好地相處，與人為善，寬大為懷。仁愛這種美德可以產生禮儀和溫文爾雅的風度。仁愛使人們不致把自己的價值估計得過高，不致「自以為自己具有某些長處，別人沒有，便以為應在別人面前佔優勢，」〔註44〕使人們「對

〔註41〕　（英）洛克：《教育漫話》，傅任敢譯，北京：人民教育出版社1985年版，第138頁。

〔註42〕　（英）洛克：《教育漫話》，傅任敢譯，北京：人民教育出版社1985年版，第72頁。

〔註43〕　（英）洛克：《教育漫話》，傅任敢譯，北京：人民教育出版社1985年版，第141頁。

〔註44〕　（英）洛克：《教育漫話》，傅任敢譯，北京：人民教育出版社1985年版，第142頁。

於下級的人，卑賤的人，尤其是僕人」，亦能夠滿腔熱忱，以愛相待。「如果他們愛護底下人，外表上又能尊重他們，使他們在服從中分享到主人的看重；他們自己的身份是一點不會因此降低的，他們的高貴的地位反而因此可以增長，威信反而可以更加鞏固；僕人們覺得自己並不是因為沒有財產，才屈服在主人的腳下，遭受人家的鞭策，他們作起事來便會更加自願，更加高興。」〔註45〕洛克認為，紳士對於地位較低、財產較少的同胞是分外同情、關心而又充滿愛憐的，因此他能贏得一切人的尊敬和擁戴。

紳士人格所具備的第二種品德是智慧。「智慧……是使得一個人有能乾和遠見，能去處理他的世務的。」〔註46〕智慧是一種善良的天性、心靈的努力和經驗結合而成的產物，智慧所需要的是有真實的、實在的、真正的本領，以及善於開動腦筋、獨立思考和獨立分析的能力。智慧同深謀遠慮、高瞻遠矚以及遠見卓識、果敢善斷、聰明敏捷等是聯繫在一起的。智慧不是狡猾，盡管狡猾常常模仿智慧，「但是它與智慧相離最遠」，狡猾如同一隻猴子雖有人類的外表但卻沒有人類的實際，因此顯得更加醜惡。在洛克看來，「世上決沒有一個狡猾的人，能夠狡猾得使人家不知道他們是狡猾的」。〔註47〕狡猾的計謀只能使狡猾者占一次便宜卻要吃終生的虧，他們一旦被人發覺以後就會遭到許多人的唾棄與反對，「全世界都會聯合起來反對他們，攻擊他們」。〔註48〕但是智慧的人卻會受到推崇與景仰，「人人都會為他讓路，他可以直接去做他的事」。〔註49〕

紳士人格所具備的第三種品德是勇敢。洛克認為，勇敢、堅忍是紳士必備的美德，它可以給人以信心和力量，可以抵抗各種危險和災禍。「一個人沒有勇氣是很難盡責的，很難具有一個真正有價值的人的品性」。「勇氣使我們抵抗我們所怕的危險和所感到的災禍。」〔註50〕堅忍是德行的保障與支柱。

〔註45〕（英）洛克：《教育漫話》，傅任敢譯，北京：人民教育出版社1985年版，第125頁。

〔註46〕（英）洛克：《教育漫話》，傅任敢譯，北京：人民教育出版社1985年版，第141頁。

〔註47〕（英）洛克：《教育漫話》，傅任敢譯，北京：人民教育出版社1985年版，第142頁。

〔註48〕（英）洛克：《教育漫話》，傅任敢譯，北京：人民教育出版社1985年版，第142頁。

〔註49〕（英）洛克：《教育漫話》，傅任敢譯，北京：人民教育出版社1985年版，第142頁。

〔註50〕（英）洛克：《教育漫話》，傅任敢譯，北京：人民教育出版社1985年版，第117頁。

眞正的堅忍是當一個人無論遇到災禍或危險的時候，他都能夠鎮靜自處，從容應對。「眞正的堅忍要準備遭受各種各樣的危險，無論遇到了什麼災禍，都要屹立不動」。〔註51〕當然，勇敢和堅忍並不是不知危險和絲毫沒有恐怖之心。洛克指出，假如我們見了災難不知道害怕，對於危險不能作出正確的估價卻漫不經心，不管它是一種什麼危險，不管有什麼用處或結果，甘冒危險，這不是一個理性動物的果斷的表現，只是一種獸性的狂暴而已。勇敢和堅忍並不是這種莽撞、冒失和毫無恐怖之心，「危險來了，恐怖是不會沒有的，沒有就是愚蠢。有了危險便應感到危險；要有充分的恐怖心去保持我們的清醒，去激起我們的注意、用力和精力；不過不可讓它擾亂我們鎮靜地運用理智，或者妨礙我們去做理智所吩咐的事情而已」。〔註52〕

此外，慷慨也是紳士人格所應具備的重要品德。所謂慷慨即是把自己所有或所好的東西給予最需要它的人，慷慨是一種與貪婪相反的、樂於贈予別人的美德。對人以慷慨不僅對他人有所裨益、有所匡救，而且對自己也不是一件吃虧的事，「它可以使受到好處的人，以及旁觀的人也對他好」。〔註53〕慷慨意味著富有，凡是最大量的人總是最富裕的人，而且還可以得到別人的敬重與稱譽。一個人能夠把自己所有的東西毫不吝嗇地分給朋友，總是一件非常愉快的事。同時，社會應當大力提倡樂於助人的美德，要造成「一個人無論作了什麼慷慨的事情，每次都應該得到加重的報酬」，「要把慷慨懸爲一個競爭的目標」，只有這樣，才能使人們養成溫柔敦厚的性格習慣，「而且會以自己能夠對人和善、慷慨與有禮貌視爲一種快樂，視爲一種值得自負的事情。」〔註54〕與此相反，貪婪，在我們需要的事物以外還想多去佔有，多去支配，這是一切罪惡的根源。一個人如果對財貨功利的貪求毫無止境，他就會置法律和道德而不顧，不擇手段甚至不惜傷天害理，遺禍萬民。紳士絕不是貪婪的人，而是樂善好施、慷慨大方的人，他能夠對窮人以接濟，對僕人以惠利，胸懷天下人民，視救濟天下人民爲自己義不容辭的責任，因此充滿

〔註51〕　（英）洛克：《教育漫話》，傅任敢譯，北京：人民教育出版社1985年版，第118頁。

〔註52〕　（英）洛克：《教育漫話》，傅任敢譯，北京：人民教育出版社1985年版，第118頁。

〔註53〕　（英）洛克：《教育漫話》，傅任敢譯，北京：人民教育出版社1985年版，第112頁。

〔註54〕　（英）洛克：《教育漫話》，傅任敢譯，北京：人民教育出版社1985年版，第112頁。

著俠骨柔腸、慈心善意，大有「安得廣廈千萬間，大庇天下寒士俱歡顏」的磊落情懷。因此，誰想成為一個紳士，誰就應當學會慷慨。

同慷慨一樣，自我克制或節制亦是紳士人格不可缺少的美德。洛克認為，「大凡不能克制自己的嗜欲，不知聽從理智的指導而摒絕目前的快樂或痛苦的糾纏的人，他就缺乏一種德行與努力的真正原則，就有流於一無所能的危險」。〔註55〕一個真正有道德的人，總是一個善於自我克制的人。自我克制不僅使人顯得有教養，而且還是未來的能力與幸福的真正基礎。洛克指出：「我覺得一切德行與美善的原則當然在於克制理智所不容許的欲望的能力。這種能力的獲得和增進靠習慣，而使這種能力容易地、熟練地發揮，則靠及早練習」。〔註56〕洛克主張對人教育的第一件事就是使他們懂得，他們之所以獲得某件東西，不是因為那件東西能得他們的喜愛，而是因為那件東西適於他們去獲得。假如合於他們的需要的東西便都給予他們，決不因為他們哭泣懇求，就讓他們得到什麼東西，那麼他們就能學會不貪心，就決不會利用跳號乖戾的手段去爭取勝利。一個人如果沒有自我克制的品德，一切都要任性縱情，對這個人本身是沒有什麼好處的。紳士之所以能夠成為人們的理想人格就在於他具有自我克制的美德。一個紳士總是能夠取用有度，進退有方，在與人交往的時候不只考慮到自己，同時也會考慮到別人，會恰到好處地控制和規約自己的情感、欲望。不僅如此，自我克制的美德構成紳士人格禮儀、風度的主體內容，紳士人格的一切良好的禮儀及其風度莫不與自我克制的美德相關。

（二）紳士人格的禮儀與風度

洛克認為，禮儀對品德來說是一種裝飾，使品德更加放出異彩。他做了這樣的比喻：品德加上禮儀，猶如鑽石經過琢磨，更能使人喜愛。品德「是精神上的一種寶藏，但是使它們生出光彩的則是良好的禮儀」。〔註57〕對於紳士來說，他不僅需要優良的道德品質和德行，而且需要合乎他的地位的舉止和良好的禮儀。沒有良好的禮儀就不具備「一個英國紳士應有的行為」，也就

〔註55〕（英）洛克：《教育漫話》，傅任敢譯，北京：人民教育出版社 1985 年版，第51 頁。

〔註56〕（英）洛克：《教育漫話》，傅任敢譯，北京：人民教育出版社 1985 年版，第47 頁。

〔註57〕（英）洛克：《教育漫話》，傅任敢譯，北京：人民教育出版社 1985 年版，第91 頁。

「決不能夠變成一個上流的人」。〔註58〕「沒有良好的禮儀，其餘一切成就就會被人看成驕誇、自負、無用或愚蠢」。〔註59〕

在洛克看來，禮儀是在人的一切美德之上加上的一層藻飾，它使美德變得對人更有效用，同時也使人獲得與之交往的人的尊重與好感。凡是一個能夠受到人家歡迎與尊重的人，他的動作不獨有力量，而且合乎禮儀。沒有禮儀無論什麼美德都會變樣，反而對人不利。即使一個人的德行和才能獲得眾人的稱譽和贊可，但是如果沒有良好的禮儀，他依然不能獲得人們由衷的欽佩與敬慕，受到大家的歡迎和擁戴。洛克認為，「沒有教養的人有了膽量，膽量就會帶有野蠻的色彩，而別人也必以野蠻相看待；學問就變成了迂氣；才智就變成了滑稽；率直就變成了粗俗；溫和就變成了諂媚」。〔註60〕「無論什麼事情，必須具有優雅的方法和態度，才能顯得漂亮，得到別人的喜悅。在多數的情形之下，作事的態度的影響較之所作的事還要大；人家之感到滿意或厭惡，也就在於這個態度」。〔註61〕

禮儀不只是指見了人要脫帽和問好，人家作了好事要說感謝，有負於人家應感到愧疚和對不起，而且包括「斟酌對方的人品，按照當時的情形，務使一切言談、容顏、動作、姿態、位置等等，全都合適，全都安閒自如」。〔註62〕為了做到有禮貌，我們一方面要有「不願得罪別人」和與人為善的心情，另一方面要有表現這種心情的「最受歡迎與最悅人的方法」。人類具有「不願得罪別人」和與人為善的心情就叫做有禮貌，具有表現這種心情的「最受歡迎與最悅人的方法「就叫作得體。後面這一層是指容貌、聲音、言詞、動作、姿勢以及整個外表的舉止都要優雅有禮，使我們能夠博得朋友的好評，使那些與我們交談的人感到安逸與高興。」〔註63〕

〔註58〕（英）洛克：《教育漫話》，傅任敢譯，北京：人民教育出版社1985年版，第99頁。

〔註59〕（英）洛克：《教育漫話》，傅任敢譯，北京：人民教育出版社1985年版，第91頁。

〔註60〕（英）洛克：《教育漫話》，傅任敢譯，北京：人民教育出版社1985年版，第91頁。

〔註61〕（英）洛克：《教育漫話》，傅任敢譯，北京：人民教育出版社1985年版，第91頁。

〔註62〕（英）洛克：《教育漫話》，傅任敢譯，北京：人民教育出版社1985年版，第92頁。

〔註63〕（英）洛克：《教育漫話》，傅任敢譯，北京：人民教育出版社1985年版，第143頁。

　　得體即優雅有禮、自然純眞，而不是矯揉造作、任意摹仿。矯揉造作雖然可能起因於想改正本性中的弱點和取得別人歡心的目的，但它本質上離禮儀和優雅的態度格格不入。一個人愈想裝出一副優雅的態度，他離優雅的態度便愈遠。洛克認爲，優雅的態度和良好的禮儀永遠是自然純眞，通過導師的教導和個人的實踐行爲逐漸養成的。「優雅的態度永遠是可以獲得別人的歡心的，是因爲一個人在作某件事情的時候，他的心情正合於那個時候的情境。我們看見一個高雅、友善、殷勤的人，是沒有不高興的。凡是一種曠達的，能夠宰制自己並能主宰一切行爲的心境，既不卑陋狹隘，也不孤高傲慢，也沒沾染任何重大缺點，這也是沒有人不喜愛的。從這種完善的心境所自然地流露出來的行爲是心境的眞切迹象，我們當然無不喜歡；這種行爲既是內心的自然流露，當然也就顯得態度自如，沒有勉強做作的痕迹。我覺得這是一種美，這種美可以使他們的行爲和一切所作所爲益發顯得漂亮，凡是和他們接近的人無不爲之傾倒高興。」〔註 64〕眞實自然之爲美，矯揉造作則是醜陋不堪的。矯揉造作之所以醜陋不堪和令人討厭，原因在於他們外表的行爲與內在的心情不相符合，他們原本沒有某種講求禮貌、與人爲善的心情，「可是他要在舉止上裝腔作勢，使得外表上好像具有某種心情似的；但是他這種矯揉造作的態度是會自行暴露的；譬如有些人有時候實際上並無悲哀、愉快、或慈愛的心情，他們卻偏要裝出一副悲哀、愉快或慈愛的神氣」。〔註 65〕同時矯揉造作之令人可厭還在於它只知一味摹仿卻不知道辨別何種行爲是優雅的令人人都感到高興的，何種行爲是爲某些個人所獨有的等等，因此缺乏分辨的摹仿可謂「東施效顰」、「邯鄲學步」，沒有不醜陋和令人討厭的。在洛克看來，率眞的和不加造作的本性，任其自然，遠比做作的醜態要好出許多倍。一個人工作沒什麼成就，或是行爲方面有什麼缺憾，態度不能達到十分優雅的境界，人們總是能夠理解和予以原諒的，通常是不會指責的。但是在行爲的舉止和態度上有了矯揉造作的成分，往往是不能免於被人指責和批評的。

　　矯揉造作、忸怩羞怯是禮儀不良的一種表現，另一種表現則是行爲不檢點、狂妄傲慢、放肆乖張。這種行爲不檢點、狂妄傲慢、放肆乖張具體表現爲四個方面：（1）粗暴，即無限地放任自己的脾氣，任它橫衝直撞，蹂躪旁

〔註 64〕　（英）洛克：《教育漫話》，傅任敢譯，北京：人民教育出版社 1985 年版，第
　　　　　62～63 頁。
〔註 65〕　（英）洛克：《教育漫話》，傅任敢譯，北京：人民教育出版社 1985 年版，第
　　　　　63 頁。

邊的人，不知道尊重別人的傾向、個性與地位，或者隨便地干涉他人的生活和工作，對之妄加評論。洛克認為，這是一個村野鄙夫的真實標誌，他們毫不注意什麼事情可以使得相處的人高興，什麼事情使得人們不愉快。粗暴的習性是人人覺得可怕的獸性，「是沒有人能夠與它安逸地共處的」。〔註66〕所以凡是願意別人覺得自己還有一點禮貌的人對之都是不屑一顧的。（2）輕蔑，即對別人缺乏應有的關注與敬意，把別人根本不放在眼裏，不尊重人家的自由、人格與尊嚴。這種輕蔑表現在容色、言詞或姿態上面，呈現出一副盛氣凌人，不可一世的樣子。洛克認為，輕蔑與良好的禮儀是背道而馳的，它違背人的天性。因為人從其天性來講是希望被接納、被認可和被尊重的動物。「我們自己希望人家把我們看作具有理性的動物，應有我們的自由；我們不願意時時受到別人的斥責，遭受人家的顏色，因而感到不安；我們與人交接的時候，也不願意受到人家的奚落與冷淡」。〔註67〕因此「表示輕蔑的不論是什麼人，它總是使得別人不安的，因為誰也不會心甘情願地被人家看不起」。〔註68〕（3）非難別人，即心懷敵意，總是當著別人的面無端地指責、批評他人，並且常常採取捕風捉影、無中生有的手段，使人難堪。非難別人包括嘲笑、戲謔他人和老是跟他人作對、一味地反駁他人。「除了嘲笑以外，反駁也是一種非難別人的方式，也是常常可以把禮儀不良的毛病顯露出來的。……有些人你一看就可以知道他們是愛反駁的，他們不管是非，老是反對某一個人，甚至反對全體在座的人，不管他們說什麼，他都反對。這是一種極明顯又極荒謬的責難方式，聽到的人誰也不能不感到自己受了傷害」。〔註69〕當然，洛克也認為，尊重別人、對人有禮貌並不意味著總要永遠接受別人的思想和一切推理，並不意味無條件地服從別人和崇拜別人的思想學說，也不是說我們無論聽了什麼都要讓它過去，絕不開口。在某種意義上，「反對別人的意見，矯正別人的錯誤，這是真理與寬容有時候要我們做的，只要做的時候相當小

〔註66〕（英）洛克：《教育漫話》，傅任敢譯，北京：人民教育出版社1985年版，第144頁。

〔註67〕（英）洛克：《教育漫話》，傅任敢譯，北京：人民教育出版社1985年版，第49頁。

〔註68〕（英）洛克：《教育漫話》，傅任敢譯，北京：人民教育出版社1985年版，第144頁。

〔註69〕（英）洛克：《教育漫話》，傅任敢譯，北京：人民教育出版社1985年版，第145頁。

心，注意儀式，是不違反禮儀的」。〔註70〕它與非難別人的反駁不同的地方在於它充滿著善意與尊敬，態度是最溫暖的，措辭是最婉轉的，它使人覺得是在幫助他而不是在責難他。（4）刁難，即故意與人作對，另有用心地找岔子和攻擊別人，或者造謠惑眾，混淆是非，置他人於死地而不顧。「刁難是和禮儀相反的另外一種過失；因為它不獨常常帶來不合宜的、使人生氣的言語和舉止；而且因為它是當我們對人生氣的時候，我們對於對方的無禮的一種無言的非議和責備。這種懷疑或諷示是誰都會感到不安的。而且在座有一個愛發脾氣的人，大家就會感到不歡，只要有了這種軋轢的現象，和睦就會消失。〔註71〕

除此之外，無禮的行為還表現在撒謊、強人所難、閒蕩生事、愛慕虛榮以及當別人正在說話的時候隨意打斷別人的話，反對別人或只愛講不愛聽等等。紳士人格是文雅的、有禮貌的、謙恭的、溫厚的，他待人以誠，彬彬有禮，溫文爾雅，寬容大度，博愛為懷，而這些也就構成紳士人格的氣韻和風度。

在洛克看來，紳士風度是紳士德行、品質與禮儀的完美體現，紳士風度源於紳士所特有的精神、氣質和品格。具體說來，紳士風度包括以下幾點：（1）明白人情世故。洛克認為，明白和通曉人情世故是紳士成熟的標誌。要使一個人不在社會生活的洪流中迷失自我，就須瞭解和掌握人情世故，只有通曉人情世故才能有所警惕有所戒備和有所防範。他應該知道什麼人會反對他，什麼人會欺騙他，什麼人會陷害他，什麼人會幫助他和為他效力，應該知道在什麼地方當讓人看見，在什麼時候對於別人和別人的目的與圖謀就要裝作不知道。只有通曉人情世故，才能「使他日後自己投身於人海之中，不致於像那些迷失了航線、失落了指南針或航海圖的航海家一樣；他事先注意到了暗礁、淺灘、急流和流沙的所在，並且又懂得一點點駕駛的技術，他在獲得經驗以前便不致於遭沒頂之災了」。〔註72〕如果不通曉和明白人情世故，他就會在社會生活中上當受騙，甚至出現把好人當成壞人，把壞人看成好人，把

〔註70〕（英）洛克：《教育漫話》，傅任敢譯，北京：人民教育出版社1985年版，第145頁。

〔註71〕（英）洛克：《教育漫話》，傅任敢譯，北京：人民教育出版社1985年版，第145頁。

〔註72〕（英）洛克：《教育漫話》，傅任敢譯，北京：人民教育出版社1985年版，第96頁。

聰明人看成傻子，把傻子看成聰明人，或者變得驕淫放蕩、醉生夢死和走向墮落和犯罪。所以洛克指出：「要想使得一個青年紳士完全不知道邪惡的事情以免染上邪惡是不可能的，除非你想把他一生一世都關在密室裏面，永遠不准他和別人來往。他這樣被蒙蔽的時間愈久，則一旦走到光天化日之下，便愈加看不清楚了，愈加容易做自己與別人的犧牲品」。〔註73〕在洛克看來，對於人世的唯一防備，就是徹底懂得世情，熟知人世間的眞情實況，從而有效地駕御它、控制它和引導它。（2）珍惜愛護榮譽。洛克認爲，「名譽雖然不是德行的眞正原則和標準（因爲那是認識人的責任，服從造物主，遵循上帝所賦予的啓迪，以期獲得他的歡心和默祐），但是它離德行的眞正原則和標準是最近的；它是大家根據理智，對於有德行的，良好的行爲的一種不約而同的證實和讚揚」。〔註74〕一個人要是有了珍惜和愛護名譽的心理，就會運用自己的理智、按照道德的原則和規範去辦事，就會樹立起一種良好的社會形象。只要他們覺得自己是有名譽的人，他們就會十分看重並且會努力維持別人對於自己的好評，就會產生對惡人惡事的憤恨以及對好人好事的嚮往等「羞惡之心」和「恭敬之心」，就會產生自我督導的羞恥心和不願見惡於人的畏懼心，這樣他就能使自己超凡脫俗，進入一個比較高尙的人生境界。一個紳士是十分講求信譽、竭盡全力維護自己名譽的人，他最不能忍受的是那種沒有光彩的、不體面的生活。同時他還是一個在名譽受損時能夠勇敢地站起來以實際行動捍衛自己的名譽，或重新塑造自己社會形象的勇士。（3）待人彬彬有禮。紳士風度一個突出的表現則是與人爲善、和藹可親、溫文爾雅、彬彬有禮。他的人生信條是「不要看不起自己，也不要看不起別人」。他只在自己的本分以內謙遜地接受別人的給予，而對於別人對自己的給予，他會由衷地感激，他也會禮賢下士，以公正合宜的態度去對待每一個人，既不盲目崇拜別人，也不任意小看別人。無論在誰面前，他都不會驚慌失措，能按照各人的地位與身份保持敬重與距離，使得人歡我安。言行處事盡量抑制感情色彩，以理性來主宰一切。（4）講求勇敢務實。對一個紳士來說，勇往直前的氣概，堅韌不拔的精神是不可缺少的氣度和品格。他不把肉體上的痛苦看作最大的災

〔註73〕　（英）洛克：《教育漫話》，傅任敢譯，北京：人民教育出版社1985年版，第
　　　　　95頁。

〔註74〕　（英）洛克：《教育漫話》，傅任敢譯，北京：人民教育出版社1985年版，第
　　　　　58頁。

難，而且也敢於蔑視人世間的種種災難和痛苦，昂首挺胸闊步前行。洛克指出：「人生的磨難是很多的，我們不可對每一件輕微的傷害都過於敏感。凡是我們的精神對它不屈服的事情，它就只能產生一個輕微的印象，對於我們的害處很小。惟有我們的精神受了磨難，我們才有痛苦，痛苦才會延續。精神方面這種堅強與無動於衷的心情是我們抵抗一般罪惡與人生意外的最好武器」。〔註75〕勇敢的氣概和堅韌不拔的精神對於「我們這種四面受敵的人生是很有用的」。同時，紳士也是那種務實的人，他們不幹則已，幹則就幹到底，並且想方設法幹好和幹出成績來。以上四個方面集中體現了紳士人格的風度。

（三）紳士人格的知識和技藝

紳士人格不僅具有高尚的道德品質和德行，具有良好的禮儀與風度，而且還具有廣博的學識和多方面的技藝。在洛克看來，紳士人格所具有的人格特質，「包括在四件事情裏面，就是德行、智慧、禮儀和學問」。〔註76〕紳士的教養和風度既通過德行和禮儀表現出來，也通過知識和技藝表現出來。相對於德行和禮儀來說，知識和技藝是從屬的和輔助性的。「學問是應該有的，但是它應該居於第二位，只能作為輔助更重要的品質之用」。〔註77〕洛克的這種認識是建立在「對心地良好的人說來，學問對於德行與智慧都有幫助」，「對心地不是這麼良好的人說來，學問就徒然可以使得他們更加愚蠢，變成更壞的人」〔註78〕的論斷上的。洛克主張把知識學問同德行、禮儀結合起來，使其為德行、禮儀服務。

在知識方面，洛克認為，一個紳士應當學習（1）閱讀（2）書寫（3）圖畫（4）速記（5）外語（6）作文（7）神學（8）地理（9）算術（10）天文（11）幾何（12）歷史（13）倫理（14）法律（15）邏輯（16）修辭（17）自然哲學等學科方面的知識。閱讀是求知的第一步，任何知識的獲得都離不開閱讀。學習閱讀最好的方法就是將其作為遊戲和娛樂來看，使閱讀成為充實、

〔註75〕（英）洛克：《教育漫話》，傅任敢譯，北京：人民教育出版社 1985 年版，第 115～116 頁。

〔註76〕（英）洛克：《教育漫話》，傅任敢譯，北京：人民教育出版社 1985 年版，第 138 頁。

〔註77〕（英）洛克：《教育漫話》，傅任敢譯，北京：人民教育出版社 1985 年版，第 151 頁。

〔註78〕（英）洛克：《教育漫話》，傅任敢譯，北京：人民教育出版社 1985 年版，第 151 頁。

豐富人生的手段。當人把閱讀視爲人生的一種遊戲和娛樂的時候，他就會因此而在書中尋找到無窮的樂趣，讀書求知的興趣就會逐漸養成，知識就會不斷提高。閱讀的最好課本當推「伊索寓言」、《聖經》中「約瑟和他兄弟的故事」，「大衛與歌利亞的故事」，「大衛與約孥單的故事」以及某些簡明的教義和誡律等等。書寫即是練習怎樣寫字，寫字首先要端正握筆的姿勢，其次是學會怎樣放紙、怎樣擱手臂，以及身體怎樣坐，再則是掌握正確的筆序，注意發筆之間的聯繫。圖畫對於一個紳士有時候是極有用的，尤其是在旅行的時候，有些東西那怕寫滿整整一頁紙，都不能夠寫明白，使人懂得，但是學會圖畫則只要好好地畫下幾根線條就能夠準確的再現其物象。「一個人無論看見多少建築，遇到多少車輛和服裝，他只要施展一點點圖畫的技巧，就很容易把關於它們的觀念保持下來，傳給別人」。〔註 79〕速記是一種藝術，它可以使人敏捷地記下要記的東西，還可以使人把自己不願公開的事情隱藏起來，合於自己的秘密使用。

此外，一個紳士不僅應該熟悉和通曉英文，而且也應該好好學習法文和拉丁文，尤其是拉丁文，「對於一個紳士是絕對必要的」。作文也是一個紳士必須加以訓練和學習的，作文「可以教人說到任何題目的時候說得漂亮，說得好」。「一個紳士隨時說話說得好，說得中肯，這對他是最合適的，在一切生活的情境中也最有用」。〔註 80〕作文使他的頭腦敏銳而富有思想。

在懂得閱讀、寫字、文字、語言及作文的時候，就應該學習各種專門的科學知識。首先應該學地理，因爲學習地球的形狀，世界四大部分的位置與疆界，以及某些王國與國家的位置，不僅有助於一個紳士瞭解他所生活的地球，而且還有助於他形成一種全球的觀念，培養起一種博大的胸襟。當他記住了地球儀上的各個自然部分以後，便應該開始學算術了。算術是心理通常所具備或習慣的最容易的，因而是最初的抽象的推理，它在生活與工作的各個部分的用途都很普遍，差不多沒有什麼事情離得開它。學了算術就應該學天文。一個紳士應該去研究天球儀，仔細觀察黃道以及各種星象，瞭解行星的位置和每個行星距離它們周轉的中心——太陽的遠近。接著就應該學一點

〔註 79〕　（英）洛克：《教育漫話》，傅任敢譯，北京：人民教育出版社 1985 年版，第
　　　　　159 頁。
〔註 80〕　（英）洛克：《教育漫話》，傅任敢譯，北京：人民教育出版社 1985 年版，第
　　　　　172 頁。

幾何學和年代學以及歷史、倫理、法律、修辭、邏輯。在洛克看來，一個紳士尤其應該學習歷史。因爲最能給人教訓的是歷史，最能使人得到愉快的也是歷史。而倫理學則是關於德行的知識，一個紳士應該培養起愛好德行的習慣，使自己形成愛好自己的名譽而不愛去滿足自己的欲望。同時，「一個紳士不論處在什麼地位，法律都是必需的，從一個保安官一直到總長，我知道沒有一個地方不需要法律」。「如果認爲一個英國紳士不應該懂得他本國的法律，這是很奇怪的。」〔註81〕此外熟悉和瞭解修辭，邏輯，對一個紳士也有必要。因爲正確的推理、判斷與分析可以幫助他獲得對於事物的科學認識，分辨眞理與謬誤。洛克認爲，「世界上最不誠實，最不適合於一個紳士，或者任何一個自命爲理性動物的人類的事情，莫過於不服從明顯的道理，不爲明晰的辯難所折服」。〔註82〕當然，自然哲學的研究亦能使一個紳士對於理智與默示引導人們去認識的智力世界得到一種更眞切、更充分的理解。

在洛克看來，除了從研究與書本去獲得的東西以外，還有別種成就是一個紳士所必需的，那些成就是要從練習去獲得的。也就是說，一個紳士不僅要通曉各種專門知識，而且也應該練習各種技藝，參與多項活動。首先是跳舞。「跳舞是可以使得一個人終生終世具有一種優雅的動作的」，而且它還能夠使人具有一種丈夫氣概和一種合適的自信力。其次是音樂。音樂與跳舞有相當密切的關係。「一個樂器玩得好的人，人人都很看重」。再次是擊劍和騎馬，「擊劍與騎馬被看成教養的必要部門，不去提到它們，會要被認爲一件重大的遺漏」。〔註83〕擊劍對於健康說來，是一種很好的運動，同時它也可以培養勇敢的精神。「騎馬多半只有在大都市裏面才能學習，它在安逸與奢侈的都市裏面是一件對於健康最有利益的運動；因此，一個青年紳士住在都市裏的時候，他是宜於騎馬的。此外，騎馬又能使人在馬上習得鎭靜與優雅，使他能夠叫馬止步，轉彎，而且使他能夠讓馬臥倒，這對於一個紳士在平時與戰時都是有用的」。〔註84〕此外還有園藝、細木工、娛樂、旅遊、商業算學等技

〔註81〕 （英）洛克：《教育漫話》，傅任敢譯，北京：人民教育出版社1985年版，第183頁。

〔註82〕 （英）洛克：《教育漫話》，傅任敢譯，北京：人民教育出版社1985年版，第184～185頁。

〔註83〕 （英）洛克：《教育漫話》，傅任敢譯，北京：人民教育出版社1985年版，第196～198頁。

〔註84〕 （英）洛克：《教育漫話》，傅任敢譯，北京：人民教育出版社1985年版，第197頁。

藝也是一個紳士所應加以注意和培養其興趣的。

　　洛克認為，有許多技藝不僅能增進人們的技巧，而且也能夠促進其健康，尤其是那些需要人們在戶外去作的事情更是如此。作為一個紳士，他的知識靠學習，技藝則靠鍛鍊和培養，他應該是一個具有多種知識和學問，同時又兼具多種技藝的全面發展的人，亦即是一個多才多藝的人。

（四）紳士人格的體育及衛生

　　洛克認為，紳士人格是全面發展的多才多藝的理想人格，這種人格同時也是身心健康、體質強健的人。沒有健康的身體，德行、禮儀、知識等一切的一切就無從談起。「我們要能工作，要有幸福，必須先有健康」。〔註85〕「我們要能忍耐勞苦，要能出人頭地，也必須先有強健的身體」。〔註86〕身體屢弱的人就是有許多有利的條件和教養也不能獲得什麼進展。同時，健康的精神寓於健康的身體，身體不健康的人精神也是很難健康的。「身體精神有一方面不健康的人，即使得到了別的種種，也是徒然」。〔註87〕

　　為了練就強健的身體，人們應當多注意戶外活動，多呼吸新鮮空氣，多運動，多睡眠；食物要清淡，酒類或烈性的飲料不可喝，藥物要用得極少，最好是不用，衣服不可過暖過緊，尤其是頭部和足部要涼爽，腳應習慣冷水，應與水濕接觸。具體來說，飲食上應當清淡簡單，禁止或少吃肉食，多吃麵包，早餐晚餐可用牛乳、乳羹、稀粥、粥凍以及英國習用的種種食品，不必多加作料、糖、鹽，「尤其是一切臘梅屬的植物以及別種使血脈僨興的東西，應該極力避免，不可使他習於去吃味濃的肉類」。〔註88〕在洛克看來，人們的味覺之所以嗜好美味，全是習慣養成的。食品裡面鹽、糖加得太多，不獨容易使人口渴、過飲，而且對於身體也有某種害處。為了有益於健康，早餐最好選用調製合宜、烘烤合度的黑面包，當然也可以加點牛油乳酪。這種早餐，既合於衛生，也能因此養成強壯的體魄，與吃得再好一點是沒有分別的。只

〔註85〕　（英）洛克：《教育漫話》，傅任敢譯，北京：人民教育出版社 1985 年版，第25 頁。

〔註86〕　（英）洛克：《教育漫話》，傅任敢譯，北京：人民教育出版社 1985 年版，第25 頁。

〔註87〕　（英）洛克：《教育漫話》，傅任敢譯，北京：人民教育出版社 1985 年版，第24 頁。

〔註88〕　（英）洛克：《教育漫話》，傅任敢譯，北京：人民教育出版社 1985 年版，第32 頁。

要習慣了，口味也不會有什麼遜色。人們的口味和腸胃都是愛吃慣吃的東西的。同時，每餐並不一定都要吃飽。「我總覺得有好些好吃的人都是習慣養成的，並非本來胃口好；我知道有些國家的人民每天只吃兩餐，有些國家的人民卻像鬧鐘一樣，每天慣於吃上四五次，而前者體魄的堅實強壯，較之後者，並無愧色」。〔註89〕洛克列舉了羅馬皇帝奧古斯都和辛尼加的用餐，認為，奧古斯都是世界上一位最偉大的帝王，他在兵車裏也只隨便吃一點點乾麵包，他沒有預先備好的食物。辛尼加在他晚年時本來可以享受舒適生活，他還是每天午餐照例只吃一塊乾麵包，吃的時候連坐下的儀式都沒有。「假如健康需要他用比較豐盛的食物，即使加吃一倍，他也是有錢吃的，他的錢財較之英國任何人的財產都不會少。世間的偉大人物都是吃這麼一點點長大的：而羅馬的青年紳士也並不因為每天只吃一頓便覺得身體不強壯，或是精神不飽滿。他們萬一有人餓得挨不到他們惟一固定的晚餐時候，也只吃一點點乾麵包，至多也不過再加一點點葡萄之類的小東西，聊以充飢而已。這種節制的精神無論在健康方面，在事業方面，都是十分必要的」。〔註90〕

　　服飾方面應當質樸、自然，不能使衣服做得太緊。刻意追求苗條而使衣服過緊、胸口過小，大有害處。「胸部狹窄，呼吸短促，肺弱和佝僂是緊身和狹小的衣服的必然的、而且幾乎是常見的結果。原來是想使他腰部苗條，身材秀麗的，結果反而害了他們」。〔註91〕人應該讓自然按照它所認為最好的方式去形成體態。自然自己所作為的比我們指導它去作為的不但好得多，而且精確得多。衣服不一定要穿得太好，自然大方、輕鬆合意即可；衣服也並不一定要穿得太厚太多，應當盡量穿得單薄些，以增強身體的禦寒能力。人生下來的時候，面孔的嬌嫩並不在其他部分之下。但是因為出生後常常讓它光著，所以它較之其它部分更能受得起風寒。洛克以希臘大月氏哲學家為例，強調鍛鍊身體的重要性。當雅典人看見大月氏哲學家在霜天雪地中，赤身露體，覺得非常奇怪，大月氏哲學家則對他們說；「冬天氣候酷寒你們的面孔為什麼受得住呢？」雅典人說：「因為我們的面孔習慣了」。大月氏哲學家接著

〔註89〕　（英）洛克：《教育漫話》，傅任敢譯，北京：人民教育出版社1985年版，第32頁。

〔註90〕　（英）洛克：《教育漫話》，傅任敢譯，北京：人民教育出版社1985年版，第33頁。

〔註91〕　（英）洛克：《教育漫話》，傅任敢譯，北京：人民教育出版社1985年版，第31頁。

說：「那麼，你把我的身體都看作面孔好了。」在洛克看來，我們的身體只要從小養成習慣，它們是什麼都受得了的。在英國有些人冬夏穿同樣單薄的衣服，他們並沒感到什麼不便，也並不覺得比別人冷。

與此相適應，洛克強調爲了鍛鍊身體，應當每天堅持洗冷水腳，提倡冷水浴。冷水浴對於幫助身體衰弱的人恢復健康是很靈驗的，同時冷水浴也可鍛鍊意志，砥礪個性，身體比較健康的人用冷水浴的辦法去增強和鍛鍊體格也是十分必要的。此外，臥床應選用堅硬而不是舒適的床具。「硬床可以鍛鍊身體；至於每夜睡在羽絨被褥裏，卻是銷融體魄的，那是虛弱的原因、短命的先兆。結石病的起因就是由於腰部穿著過暖之故，此外還有許多別的疾病，以及疾病之源的身體孱弱，大部分的原因都是由於羽絨床褥」。〔註92〕

總之，在洛克看來，一個紳士在身體上是強健的，在精神上也是強健的。「身體強健的主要標準在於能忍耐勞苦，心理強健的標準也是一樣。」〔註93〕當著身體獲得了應有的注意，保持著康強健旺，使它能夠服從並且執行精神的命令，那麼接下來就是如何保持精神正常，使它的一切舉止措施，都合乎一個理性動物的高貴美善的身份，這就需要弘揚德行講求禮儀，廣泛學習，以培養優秀的道德品質、形成優雅的氣質風度，造就廣博的知識技能。洛克認爲，一個紳士必定是身心健康、德才兼備、志高行潔的全面發展的人，也只有這樣的人才能成爲英國民族心目中的理想人格。

三、王船山與洛克理想人格論的比較

每一個民族或每一個時代的人們均有自己的理想人格，因爲人追求的不僅僅是生存，而且還有發展和完善。王船山和洛克作爲十七世紀中西方兩位傑出的思想家，在爲自己也爲國家和民族探尋完美人格的眞諦、要義以及本質規定性的過程中傾注了滿腔的熱情與希望，付出了大量的心血和精力，所論幽深警策，所述平實簡約，給當世和後來的人們樹立了爲之奮鬥的目標和應當學習的榜樣；他們的理想人格理論已成爲中西方民族精神和人格理想的組成部分，積聚沉澱爲中西方民族心理及價值趨向的內在因子。他們的理想

〔註92〕（英）洛克：《教育漫話》，傅任敢譯，北京：人民教育出版社1985年版，第38頁。

〔註93〕（英）洛克：《教育漫話》，傅任敢譯，北京：人民教育出版社1985年版，第43頁。

人格理論，既有相同相近的地方，亦有相異相別的地方，反映了中國和英國民族精神的同一性和差異性。

（一）王船山與洛克理想人格論的同一性

王船山與洛克理想人格論的同一性表現在：首先，從理想人格的內容來看，王船山與洛克不僅論及了道德人格，而且論及了智慧人格和意志人格，不約而同地得出了理想人格是道德人格、智慧人格和意志人格統一的定論。

（1）就道德人格而言，王船山與洛克的相似之處一是表現在異口同聲地肯定道德人格在理想人格中的突出地位，二是表現在對構成道德人格的道德品質作了深入的研究，三是表現在對確證和反映道德人格的禮節禮儀作了全面的探討。王船山認爲，德之大亦與天載而同其實，德爲萬化之本原，對於人來說，再沒有什麼比講求道德，樹立優秀的道德品質，追求高遠的道德理想而更爲可貴、更有意義的了！道德是人的本質規定性之一，是人區別於草木禽獸的地方。人如果不講道德，聞義不能徙，不善不能改，倫不明、物不察，善不知好，那就無異於禽獸。君子不同於小人就在於他能夠以道義爲重，以仁義道德修身正心，並且能夠使自己的道德覺悟不斷提高，道德品質日臻完善。與王船山重視道德人格的思想相類似，洛克也十分重視道德人格在紳士人格構成中的地位與作用。洛克認爲，德行是紳士人格構成中最不可缺少的東西，是占第一位的，如果沒有德行，紳士也就不是紳士而是一般的庶民了。紳士之所以是英國人民的理想人格，首先就在於他是道德化的人格，在紳士身上寄寓著人們的道德理想，烘託出人們對道德的傾慕、追求與嚮往。

在理想人格的道德品質研究方面，王船山和洛克均十分推崇仁愛的品質。王船山認爲，君子愛人猶己，不僅能夠做到己欲立而立人，己欲達而達人，而且還能夠仁民愛物、大公無私。愛人者人恒愛之，信人者人恒信之。君子愛人，以身應天下，以一人之心通於天下人之心，「屏其私欲以順品類之情」，以通萬物之志，進入一個極高明的境界。洛克也認爲，紳士以仁愛爲懷，對他人的不幸不僅能深表同情，而且能予以幫助和救濟；紳士具有一種仗義勇爲的俠骨柔腸，對任何人都能予以眞切的關心與尊重，即便是「對於下級的人，卑賤的人，尤其是僕人」，亦能動之以情，曉之以愛。除了仁愛以外，王船山和洛克還同時談到了智慧、勇敢、節制、公正等品德在理想人格中的功能與地位。特別值得一提的是，王船山與洛克均認爲，德行同禮儀是密不可分的，禮儀是德行的外在表現。在王船山看來，外表的禮節儀式以內心的

道德情感為基礎，繪事而後素，內心的道德情感也必然要以某種適宜、合乎秩序的形式表現出來，文質彬彬，然後君子。君子有其心則有其事，以其事飾其心，修之於己，而必求其可觀，施之於人，而必求其相得，外在的禮節禮儀是必須加以講求的。禮之用「有分焉，有時焉，有情焉，有勢焉」，君子「循其分，因其時，稱其情，順其勢」，從而使綱常倫紀、名物度數無不合於道德理性。君子是十分注重禮儀的，他不僅能夠「由乎中而應乎外，制於外所以養其中」，而且能夠「非禮勿視，非禮勿聽，非禮勿言，非禮勿動」，使其視聽言動都合乎禮的標準和要求。在洛克看來，禮儀是德行的一種裝飾，是一種使德行發出光彩的東西。禮儀以德行為基礎和內在基質，德行以禮儀為表現形式和外顯手段。品德加上禮儀，禮儀配合德行，構成紳士人格待人處世的內容要義。紳士也是文質彬彬、溫文爾雅的，他能夠斟酌人情物理、使其視聽言動合於他的地位與身份，合於社會的風俗習慣與道德標準。

（2）就智慧人格來說，王船山與洛克的相似之處表現在他們不僅把智慧視為理想人格的一種道德品質，賦予智慧以合理性正當性的道德品格，而且還將智慧同知識、學問聯繫起來，認為理想人格是多才多藝、學問淵博、能力高強的人。此外，王船山和洛克在探討道德人格與智慧人格的關係時均強調智慧人格應以道德人格為基礎並服務於道德人格的完善。在王船山看來，道德與智慧是互相聯繫互相依賴而又相互為用的，博愛公正的道德行為離不開辨物明理、區分是非善惡的知識智慧的指導，而知識智慧也只有受制於道德原則、價值目標才能有價值和意義。真正的知識和智慧應當是擇乎善之精，知智之所當知，知仁之所當行，知勇之所當強，因是而審其宜，應當是明乎天地既命我為人之理和體察陰陽健順之理，從而更好地修德明道，成為全面發展的君子。「故君子知物之因誠而立，而必由吾自道以誠之，故盡乎誠之之人道，善必擇之精，執必守之固，以實體此道，而復其萬物皆備之誠體焉」。〔註94〕在洛克看來，知識與道德、智慧與善行也是不可分割的，德行離不開知識的滋潤與培育，人若要有德行首先要懂得德行與人的關係，明白人不能沒有德行的道理。一個人對德行的價值和意義認識得越清楚，他追求和嚮往德行的心理趨動就會越強烈。「世界上最不誠實、最不適合於一個紳士，或者任何一個自命為理性動物的人類的事情，莫過於不服從明顯的道理。」紳士無疑是最能明書知禮、通情達理的人，故涵養深厚，知性極高。有了知識和

〔註94〕王夫之：《四書訓義》卷四，《船山全書》第 7 冊，嶽麓書社版，第 196 頁。

智慧，才能使人充分意識到自己的人格及其尊嚴，以及自己的使命和職責。同時，知識和智慧也應當服務於人們道德上的完善。在知識與道德的關係上，道德是第一位的，知識是第二位的，知識只能作爲輔助道德之用。

（3）就意志人格而言，王船山與洛克在肯定勇敢堅忍爲一種優良的理想人格品質的同時均強調堅韌不拔的意志以及捍衛自己人格尊嚴的氣節的重要性，不僅主張強健其精神，而且主張「野蠻其體魄」，練就一副鋼肩鐵骨，培養一種「愈挫愈奮，愈戰愈強」的浩然正氣。王船山認爲「志之所至而氣以凝」，然後可以「析大疑禦大難」，造成富貴不淫、貧賤不移、威武不屈的威儀動作，頂天立地，光照日月。王船山十分鄙棄那種居家則安貧樂道、處世則逆來順受、對上阿諛奉承、對下爾虞我詐、處逆境則委曲求全、遭國難則敗節辱身的「自立無恒，隨感而動」的小人，認爲君子不同於這種沒有骨氣和人格尊嚴的小人，他能善養吾浩然正氣，「持其志，無暴其氣」，「使吾氣充滿於吾體之中」，「天下之得於吾心者，吾以順吾氣以行吾志；不得於吾心者，吾順吾氣以不弱吾志」，然後「臨大紛，際大難，而必不惴焉」。〔註95〕雖千軍萬馬也敢於應戰，雖地動山搖亦從容不迫，泰然自若。洛克認爲，勇敢頑強的精神，堅忍不拔的氣質是一個真正有價值的人的品性，是紳士必須具備的美德和人格要素。有了這種精神和氣質就能夠勇於面對人生的坎坷和社會生活的不幸，無論遇到什麼災難，打擊或痛苦、危險，都能夠鎮靜自處，臨危不懼。一個紳士總是能夠憑藉自己的意志人格，遇到災禍不躲避，面臨恐怖不懾服，以其勇往直前的精神去對付人生的戰鬥。他深深地懂得，災禍並不永遠如我們所恐怖的那樣可怕，或者那樣嚴重。防止災禍的方法不是跑開，也不是被恐怖所窘擾，所懾服，所阻止，我們的名譽，我們的責任，都要我們前進。〔註96〕

其次，從理想人格的人格特質來看，王船山與洛克不僅意識到理想人格是理想性與現實性的統一，自覺性與自願性的統一，而且也意識到了理想人格是生理性與心理性的合一，是個體性與群體性的合一。

（1）理想人格是理想性與現實性的統一。王船山所描畫的君子是生活在現實之中，同人的日常生活聯繫密切的人格典型，君子不是遠離人世生活的道德偶像，也不是同於天道的聖人，君子是後天的、人爲的，是可以通過修德

〔註95〕王夫之：《四書訓義》卷二十七，《船山全書》第 8 冊，嶽麓書社版，第 188～190 頁。

〔註96〕（英）洛克：《教育漫話》，傅任敢譯，北京：人民教育出版社 1985 年版，第 120～121 頁。

明道、格物致知、窮理盡性的實踐活動而造就的。但是君子又不純是現實的，君子之爲君子是現實生活中的人們諸種人格理想的代表與化身。君子表徵出人生希翼、渴盼、追求與嚮往的一面，體現著人間的至眞、至善與至美。「君子者，其於食也，無求飽焉，未嘗先計乎可飽之道，未嘗動念於不飽之憂，非但節於自奉之謂也。其於居也，無求安焉，未嘗有見於不安之難，未嘗役意於可安之樂，非但勉於習勞之謂也。其於所當爲之事則敏焉，若有迫諸其後者，而不欲以一事淹吾日月也，非但欲事之有功也。即其所可出之言猶愼焉，若有無容心於此者，而唯恐以一言洩吾之志氣也，非但欲言之無咎也。」〔註97〕君子行不離義，達不離道，不以小功小名累其神明，不以才力聰明分其志氣，志於道，據於德，依於仁，游於藝。總之，在王船山那裏，君子人格既是人們至眞至善至美的體現與化身，有著理想性的一面，同時又不是高高在上、遠離人們的現實生活的。王船山說，神明不測之號的聖人是永難被人見到的，而才德出眾之名的君子卻是可以被人所見到的。君子是理想化的人格而不是抽象化的神格，因此君子人格是現實性與理想性的統一。與王船山相類似，洛克的紳士人格也是現實性與理想性的統一。紳士是英國資產階級和新貴族的人格理想，它集中地反映著英國資產階級和新貴族的利益、願望和要求，表達著英國資產階級和新貴族的人生目的、人生選擇及其態度。紳士首先是人格然後才是人格化的理想或理想化的人格。人格即是自我的意識主體和行爲主體，是意志自由的主體也是行爲責任的主體，紳士作爲一種人格理想，它同神格或創造一切養育一切的上帝有著本質的不同，也同獸位或純依本能行爲不知其所以然的動物相去甚遠。人格之所以能超過現在，擴及過去和將來，只因爲它有理智力，能成爲行爲價值的承擔者。也正因爲如此，紳士又不全是現實的，有著它被人所追求、傾慕和嚮往的一面。在紳士身上凝結著人間許多美好的價值觀念和行爲品質，有著激勵現實人生不斷提升自己的價值功能。

（2）理想人格是自覺性與自願性的統一。自覺性是理性的品格，它以理性認識爲根據表現爲一種追求理性的趨向、努力或運動。自願性是意志的品格，它出於人的意志自由，表現爲一種尋求合意性的衝動、意向或行爲。王船山比較正確地闡明了理想人格所蘊含的自覺性與自願性的關係，認爲理想人格的樹立及其追求不僅需要「正其志於道」和「勇於爲義」的價值意識和理智決

〔註97〕王夫之:《四書訓義》卷五，《船山全書》第 7 冊，嶽麓書社版，第 271 頁。

斷，而且也需要情感的偏好和意向的啓動扶持。君子作爲理想化的人格和人格化的理想，他不僅具有深沉而冷靜的理智，更具有活潑而豐富的情感。沒有情感的理智是蒼白無力的，沒有理智的情感是盲目愚魯的。因此，理智與情感應當在理想的人格中有機地統一起來，「尊其性而重其情」，既強調理性的自覺，又強調意志的自願。只有這樣，君子人格才既具有人生說服力又具有人生感染力，才能夠在成爲社會價值目標的同時又成爲個人內在的價值選擇和人生理想。洛克也在某種意義上意識到了理想人格是自覺性與自願性的統一。在洛克看來，人既是感性欲望的動物又是理性道德的動物，感性欲望決定了人們必然追求快樂幸福，理性道德幫助人們選擇眞正的快樂和幸福。理性道德告誡人們，不要爲暫時表面的快樂所陶醉，要用理性來調節自己的追求，指導自己對這種感覺進行正確地分析判斷，權衡利弊，放眼長遠，把握住人生眞正的幸福和最大的快樂。「普遍的幸福就是所謂最大的善，亦即是我們的一切欲望所趨向的。如果我們受了必然性的支配，來恒常地追求這種幸福，則這種必然性愈大，那我們便愈自由。」〔註98〕欲望的眞正滿足取決於理性的正確引導，「追求眞正的幸福是一種必然性」，而這種必然性正是理性的命令和要求，同時理性並不違背人的欲望和自由。自由是基於理性的指導和正確的判斷之下的選擇和行動。「脫離了理性的束縛，而不受考察同判斷底限制，這只可使自己選擇最壞的或實行最壞的，這並不是自由；如果那是自由，是眞正的自由，則瘋子和愚人可以說是世界上唯一的自由人」。〔註99〕理想人格是「智慧本質的最高美點」。而他恰恰是以追求眞正的幸福這種理性的命令作爲情感世界的主宰，把理性的自覺同意志的自願緊密地結合起來並使之相得益彰的。

（3）理想人格是身體健康與心理健康的合一。王船山認爲，君子是身成與性成的合一，具有強健的體質和正常的機體官能，眼不因紛繁複雜的物象人事而失其明，耳不因變幻無常的聲量音度而失其聰，相反在改造自然和社會的偉大實踐中，不僅練就出風吹不動、山壓不彎的身軀，而且練就出炯炯有神的慧眼和聽覺靈敏的聰耳，練就出靈巧的雙手，如飛的雙腿，以及極深研幾、探賾闡微的大腦。憑藉著強健的體魄以及正常的機體官能，君子實現

〔註98〕 （英）洛克：《人類理解論》上冊，關文運譯，北京：商務印書館1983年版，第236頁。

〔註99〕 （英）洛克：《人類理解論》上冊，關文運譯，北京：商務印書館1983年版，第235頁。

著與天奮鬥、與地奮鬥、與人奮鬥並進而率天造天、安身立命的人生目標，展示著無比豐富而絢麗多彩的人生內容。不僅如此，君子還是心理健康、道德高尚、知識淵博、智慧超群的全面發展的人，他能夠調動起自己的耳目心思等生理心理機能，明人倫物理，自己為自己確立行為的法則和人生的價值目標，培養起優雅淳良的人生情趣和高遠恢宏的人生襟懷。「為天地立心，為生民立命，為往聖繼絕學，為萬世開太平」。洛克認為，紳士不是弱不禁風的病夫，不是心理變態的村野鄙夫，而是身心健康的理想人格。他不僅具有發達的四肢，高大偉岸的身軀，健全的機體官能，而且還具有崇高的道德品質，優秀的道德行為，良好的禮儀以及文質彬彬的風度氣質，具有廣博的知識和多方面的興趣愛好，不僅多才多藝，而且德劭才高，智勇過人。

（4）理想人格是個體性與群體性的合一。王船山認為，「我者德之主，性情之所持也」。〔註100〕君子人格是一種有我的人格，是建立在個人對自己人生使命、歷史職責深切洞察和體悟並進而敢於擔當、樂於行為的基礎之上的，有我並不等同於有私，我是意識和行為、知識和道德的主體，私則是一種只圖利己的意識和行為。在王船山看來，君子「己欲立而立人，己欲達而達人」，「己所不欲，勿施於人」無疑包含和體現著個體自我的功用職能，沒有這種個體自我就無法完成將心比心、推己及人的推致任務，君子人格的社會價值也就無法得以實現。同時，君子人格的這種個體性不是一種封閉的個體性而是一種開放的個體性，不是一種同群體性無關的個體性而是一種同群體性緊密相聯的個體性。王船山認為，人是名符其實的社會性動物，他不僅能意識到自己，更能意識到他人，能夠把他人當作同自己一樣的理性動物來看待，講求禮儀道德。「夫人與人為倫類，而道出焉。有心之所不容昧，而日用之不可遺者，曰道。人受之天以為性之體，而有是道，則有是心以應之，曰仁，曰義，曰禮。人秉之性而發見於心，以行仁、義、禮於道之中者，曰智，曰仁，曰勇。乃更有其會歸者，以貫於心德而為性之實者焉，皆人道也。」〔註101〕人道是人與人相互關係的產物，體現了單個人「與人類相為一體」的本質及其要求，「與人類相為一體」即是應當溶小我於大我之中，「以我之大全」，「極乎人氣質之所可受，而使各致其知能」，〔註102〕盡人之性而與天同參。洛

〔註100〕王夫之：《詩廣傳》卷四，北京：中華書局1964年版，第120頁。
〔註101〕王夫之：《四書訓義》卷四，《船山全書》第7冊，嶽麓書社版，第172頁。
〔註102〕王夫之：《四書訓義》卷四，《船山全書》第7冊，嶽麓書社版，第190頁。

克同王船山一樣，也看到了理想人格是個體性與群體性的統一，他的紳士人格不僅能夠合理地自愛，關心自我的成長與發展，而且能夠視天下為一家，對人以愛。洛克認為，人們要自覺意識到「我」、產生「我」的觀念，就必須有意識、精神，而意志、精神本質上是人類群體的產物。人意識到自我總是同對他人的認識分不開的，人最初是以對他人的認識來反觀自我、發現自我的。紳士人格一方面具有個體性，它是人們認識自我並為自我確立的理想人格，反映著自我的種種精神需求和人生情趣，另一方面又具有群體性，是人類群體為維繫自己的生存發展，協調個體與個體之間關係而樹立的社會化的人格理想，它代表著英國國民的共同意願和整體價值目標。

（二）王船山與洛克理想人格論的差異性

如同世界上沒有完全相同的兩片樹葉一樣，任何相同的事物都是同中有異。王船山與洛克理想人格論在呈現出同一性和相似性的同時也顯示出鮮明而突出的差異性和個別性。

（1）船山的理想人格偏重道義，洛克的理想人格偏重功利。道義論是中國倫理文化的一貫傳統，而功利論則可說是英國民族的倫理精神。王船山與洛克的理想人格論並沒有違背或離開各自的倫理傳統與民族精神，恰恰是植根於民族倫理的豐厚土壤裏，繼承、弘揚和發展著各自的倫理傳統和民族精神，他們所提出的君子人格和紳士人格真真是全面光大著自己的民族精神和倫理傳統，重塑或再造著自己民族的人格典範和人生理想，以期傲然挺立於世界民族之林，迎接民族新生和繁榮興旺的曙光。

王船山的君子人格是通過君子小人之辨而得以確立的，而君子小人之辨則是同義利理欲公私之辨密切相聯的。君子不同於小人就在於他能夠懷德而不懷惠，憂道而不憂貧，謀道而不謀食，就在於他能夠「雞鳴而起，孳孳為義」。君子義以為上，義以為質，行義以達其道，說明君子人格是偏重道義的。在王船山看來，天下之待於君子者無窮，而君子以什麼作為立身處世、接物應對的原則呢？君子又怎麼才能「終以合於人心、順於天理」呢？唯有道義而已矣。他說：「唯酌之已精，審之已定，知此事之所宜者在此，彼事之所宜者在彼，義處其常而守其常，義當其變而隨其變，與義相依，無之有間焉耳已。夫天下之事，欲行焉則固不可中立以廢義，必有適也；不可行焉，則固不可委曲以枉義，必有莫也。無適而何以立志節而成功業？無莫而何以立操守而止淫辟？而君子乃以無適無莫善成其用者，則私利既其所本無，而意氣

亦其所不尚。非有他也,精義而已矣。於心無倚者,於事必宜。盡萬事之變化,以定一心之權衡,此乃所以爲君子乎!」〔註103〕君子以義作爲立身處世、接物應對的原則,同時也把義當作人之所以爲人的本質屬性和人生的最高價值,因而當著生命與道義發生矛盾而不得不去一而擇一的時候,君子只會捨生取義,爲了道義的價值而奮不顧身。

洛克的紳士人格源於幸福與善行、利益與道德關係的認識。在洛克看來,道德上的善惡最終取決於人趨樂避苦的天性。人的趨樂避苦的天性決定善行的性質和道德的具體內容。「一切含靈動物,本性都有追求幸福的傾向」,「人既然是一種含靈之物,所以他便受了自己組織的支配,不得不受自己思想和判斷底決定,來追求最好的事物」。〔註104〕「所謂善或惡,只是快樂或痛苦自身。」〔註105〕洛克把能夠滿足欲望,使人感到快樂的事物或現象認定爲善和美德,把不能滿足欲望,使人感到痛苦的事物或現象認定爲惡,指出:「所謂善就是能引起(或增加)快樂或減少痛苦的東西,⋯⋯在反面說來,所謂惡就是能產生(或增加)痛苦或減少快樂的東西,要不然,就是它剝奪了我們底快樂,或給我們帶來痛苦」。〔註106〕因此,道德上的善惡,歸根到底在於它能否給人們帶來快樂和幸福。苦樂標準是道德最終的試金石。紳士人格無疑也是具有趨樂避苦的天性的,他也不會對自己的快樂、幸福和利益無動於衷,他不同於一般的現實人格的地方在於他懂得追求「最大的」、「眞正的幸福和快樂」。一般的現實的人常常缺乏對幸福和快樂的正確認識,不能用理智來指導自己以作出最佳的選擇。他們往往只注重眼前當下的實惠和暫時的幸福,爲表面的快樂所陶醉。洛克認爲,一時的豪飲醉杯,固然能使人暫感滿足興奮,但酒醉之後必然頭痛,招致的痛苦反而大於所得快樂。紳士與此不同,他不會因小而失大,因近而障遠,他會運用理智來調節自己的追求,關注和嚮往眞正的最大的幸福和快樂。理性告訴他,最大的和眞正的幸福快樂不單限於個人身體和精神兩方面,而且也要考慮到個人幸福與他人幸福的結合。

〔註103〕王夫之:《四書訓義》卷八,《船山全書》第7冊,嶽麓書社版,第371頁。
〔註104〕(英)洛克:《人類理解論》上冊,關文運譯,北京:商務印書館1983年版,第236頁。
〔註105〕(英)洛克:《人類理解論》上冊,關文運譯,北京:商務印書館1983年版,第234頁。
〔註106〕(英)洛克:《人類理解論》上冊,關文運譯,北京:商務印書館1983年版,第199頁。

只有顧及他人和社會的幸福，個人的幸福才有最終的保障。因此，為了追求最大的真正的幸福和快樂，紳士不僅能夠克制自己的欲望，而且能夠對人以愛、慷慨助人，培養和發展起自己各種美德善行以及禮儀風度。

在王船山那裏，道義作為君子人格的根本規定性而存在，因而本身即是目的；而在洛克那裏，德行作為紳士人格的構成要素是服務於最大的真正的幸福和快樂的。王船山的君子人格以義為上，以義為質，動機上是不考慮效用利害的，洛克的紳士人格則是以福樂為上，為了福樂而講究道義與德行。因此，如果說王船山的君子人格確證的是一種道德動機論，那麼洛克的紳士人格確證的則是一種道德效果論。二者各有所長也各有所短、彼此之間卻有互相借鑒互相補充的需要。

（2）船山的理想人格偏重理性內修，洛克的理想人格偏重禮儀外用，即前者重道德內容，後者重道德形式。王船山的君子人格具有道德上的嚴肅主義性質，洛克的紳士人格則具有道德上的實用主義性質。

王船山認為，君子以道體身，以身體道，注重的是如何以虛靈不昧之心去通理盡性，光大弘揚湛一至善的人性，因此君子以理性內修為務，強調正心誠意格物致知。正心即是以道德理性控制自己的情感，端正心向。「吾立身之始，有為身之主者，心也。當物之未感，身之未應，而執持吾志，使一守其正，而不隨情感以迷，則所以修身之理立之有素矣」。〔註107〕正心既是修身的基礎又同誠意密切相關。誠意即是具有誠實良善的意志或動機。誠者真實無妄，「夫誠者實有也，前有所始，後有所終，天下之公有也，有目所共見，有耳所共聞也。」〔註108〕意知所誠即是要求君子體天地之誠以為意，使其心意動處則為健順五常，心靈空間皆真實無妄，心靜時與誠合一，使道宰乎性，誠成乎心。「誠以實心行實理之謂。」實心亦即以仁義禮智充之於心，使人具有涵養豐厚的道德本質，然後再以這種仁義禮智之性去體天恤道，格物致知，窮理盡性，「以曉然於善而遠於惡」，「保天心以立人極」，「貞生死以盡人道」，進而與天配德。誠意含有盡性、知天的因素，而盡性本質也是一個存誠的過程。「惟性則無無不有，無虛不實，有而不拘，實而不滯。故仁義禮智，求其形體，皆無也，虛也；而定為體，發為用，則皆有也，實也。耳之聰，目之明，心之睿，麗於事物者，皆有也，實也。而用之不測則無也，虛也。至誠

〔註107〕王夫之：《四書訓義》卷一，《船山全書》第 7 冊，嶽麓書社版，第 48 頁。
〔註108〕王夫之：《尚書引義》卷三，《船山全書》第 2 冊，嶽麓書社版，第 306 頁。

者無而有，虛而實者也，此性之體撰爲然也。」〔註109〕君子之爲君子不是先天生自然形成的，而是不斷地進行理性內修，盡心盡性存誠知天的結果，是盡量發揮惻隱、羞惡、辭讓、是非之心，弘揚健順五常之理的結果。君子涵性於心，正心存誠，「天地之經以貫，萬事之治以達，萬物之志皆其所涵。存者，不爲物欲所遷，而學以聚之，問以辨之，寬以居之，仁以守之，使與太和絪縕之本體相合無間，則生以盡人道而無歉，死以返太虛而無累，全而生之，全而歸之。」〔註110〕這也就是君子尊德性而道問學，致廣大而盡精微，極高明而道中庸的內在因由。總之，君子講道德，崇知識，行義達道不是出於某種外在的原因，不是爲了獲得他人和社會的好評，而是出於自己的內在本質及其理性的命令，是建立在發展和完善自身的基礎之上的。君子在內以治身外以治物的過程中所表現出來的禮儀及其其它外在行爲方式均是同人的內在精神需要密切相關的，禮儀根於人心固有之節文，「惟其爲人心固有之節文也，則行之也，不容於固有之外而有所強增」，「惟其爲人心固有之節文也，則求其和也，亦不容於固有之中而有所或忽」。「蓋禮順人心固有之節文，原非以強世者。強世焉，則不足以爲禮。」〔註111〕禮儀應出乎內心，眞誠實意，才能爲君子所認可。

　　洛克既然把理想人格奠定在趨樂避苦的人的天性之上，所以他在論及理想人格的德行品質、禮儀風度、知識技藝時，注重的就不是人的內在的精神需要及其自我完善，而是人自愛自保以及謀求眞正的最大的幸福和快樂的需要。在洛克看來，一個紳士要「被人看重，被人喜愛，要使自己也感到喜悅，或者也還過得去，德行是絕對不可缺少的。如果沒有德行，我覺得他在今生來世就都得不到幸福。」〔註112〕同時，他要得到社會的榮譽，「要能出人頭地」，「變成一個上流社會的人」，他就必須熟識人情世故，講求禮儀風度。因爲禮儀風度可以「博得朋友的好評，使那些與我們交談的人感到安逸與高興。」〔註113〕要是周圍的人和社會對我們持以否定性的評價，那就會直接阻礙我們「出

〔註109〕王夫之：《張子正蒙注》卷九，《船山全書》第 12 冊，嶽麓書社版，第 361頁。

〔註110〕王夫之：《張子正蒙注》卷一，《船山全書》第 12 冊，嶽麓書社版，第 20 頁。

〔註111〕王夫之：《四書訓義》卷五，《船山全書》第 7 冊，嶽麓書社版，第 267 頁。

〔註112〕（英）洛克：《教育漫話》，傅任敢譯，北京：人民教育出版社 1985 年版，第138 頁。

〔註113〕（英）洛克：《教育漫話》，傅任敢譯，北京：人民教育出版社 1985 年版，第143 頁。

人頭地」和獲得幸福，就會使我們痛不欲生。因此講求禮儀、注重風度，見人要脫帽，「退步以致敬」，「談吐要文雅、鎮定自如」，舉止要有丈夫氣概，使自己的「容貌、聲音、言詞、動作、姿勢以及整個外表的舉止都要優雅有禮」，〔註114〕就不是可有可無的了。禮儀是人的一切身分與事業中都不可少的。「大多數的青年人都因為不持重，缺少禮儀，而吃了苦頭，他們入世的時候，也因為這個原故，不能一如理想中的情形，顯得生疏拙劣。」〔註115〕洛克雖然也反對矯揉造作，強調真實誠篤，但是洛克又認為真實誠篤的價值視趨樂避苦的天性和他人好感的獲得而定，在必要的時候，即使是不真實的也未嘗不可以行為。比如朋友之間就不宜於批評，有關禮儀方面的錯誤最好不要當面指出，「惟有禮儀方面的錯誤，根本就不能提，即使暗示別人，說他沒有禮儀，都是不合於良好的禮儀的，」〔註116〕此外，人「應該知道在什麼地方就當讓人看見，在什麼時候對於別人和別人的目的與圖謀就要裝作不知道。」〔註117〕嫻於禮儀，要求紳士注重禮儀的形式以及外在的接對，要求他在某種意義上把自己的真實意圖隱蔽起來，要求他「對人不可過於多疑，也不可過於置信」，「使他對於不能不去接近的人們的圖謀知道猜度，知道防備。」〔註118〕嫻於禮儀的紳士「門路就可以更寬，朋友就可以更多，在這世上的造詣就可以更高。」〔註119〕道德禮儀方面是如此，知識技能方面亦是如此。紳士之所以需要學習那麼多的知識、掌握那麼多的技藝，完全是為了社會生活中的交往、應酬，為了獲得他人的好評。紳士學習地理學、天文學、算術、幾何、年代學等科學知識，並不是要成為這方面的專家，而是通曉基本常識以更好地與人交談。至於修辭學和邏輯，「我主張一個青年紳士只要知道它們的最簡短的體系就夠了，用不著多去考究那些程序」，此外，如跳舞、音樂、

〔註114〕（英）洛克：《教育漫話》，傅任敢譯，北京：人民教育出版社1985年版，第143頁。

〔註115〕（英）洛克：《教育漫話》，傅任敢譯，北京：人民教育出版社1985年版，第96～97頁。

〔註116〕（英）洛克：《教育漫話》，傅任敢譯，北京：人民教育出版社1985年版，第92頁。

〔註117〕（英）洛克：《教育漫話》，傅任敢譯，北京：人民教育出版社1985年版，第96頁。

〔註118〕（英）洛克：《教育漫話》，傅任敢譯，北京：人民教育出版社1985年版，第93頁。

〔註119〕（英）洛克：《教育漫話》，傅任敢譯，北京：人民教育出版社1985年版，第93頁。

騎馬、擊劍、旅遊、圖畫等都不需專門精通，略知一二或能使自己開心快樂即可。總之，在洛克那裏，紳士的德行、禮儀、風度、知識、技藝等因素，它們的形式重於內容，社會評價高於自我修養學習。紳士置重的是其社會形象，眾人認可，而不是自我完善、理性內修。這同王船山的君子人格是大異其趣而又迥然有別的。

　　（3）王船山的君子人格展現的是一種儒士氣節，洛克的紳士人格表徵的是一種貴族精神；王船山的君子人格同知識分子的價值追求相一致，洛克的紳士人格與上層要員的人生理想相吻合，因此王船山的君子人格是文化型的，洛克的紳士人格是政治型的。

　　在王船山看來，君子人格作爲道德人格、智慧人格與意志人格的有機統一，無疑集聚著中華民族各個階層的人生理想，表達著各個不同歷史時期不同行業人們的人生價值標準，因此它是社會的民族的理想的人格，是歷史的現實的還有可能是未來的人格理想。但是，如果就君子人格的人格特質及其價值偏好而探尋其初始的職業或階層淵源，那麼君子人格所依託的職業土壤或階層秉性當是知識分子和文化階層。在先秦儒家那裏，君子同士是屬於同一級次的身份概念，常有士君子之稱。王船山認爲，君子哉若人，而這種人不是野人、小人、也不是君王官吏，而是精通詩書禮樂、明曉正義明白道理、傳播知識和文明的士。因此君子不是直接從事耕作稼穡的農人，也不是直接從事國家政務和行政管理的官吏，盡管士出則爲仕，負有治國平天下的歷史使命，「學而優則仕」，但是士本身畢竟是一個學習和傳播知識、文化的階層。「百工居肆以成其事，君子學以致其道。」「君子謀道不謀食。耕也，餒在其中矣；學也，祿在其中矣。君子憂道不憂貧。」船山說：「如其謀食，則耕爲本務，耕焉可矣。乃以君子而耕，既失君子之常，而抑不如小人之利，餒其在所謀之中，而徒爲勞也。惟其謀道，故必於學焉，而學乃可成乎其爲君子。祿本以養君子，而君子之受祿也不誣，祿固在學之中，而不待謀也。」〔註120〕君子是士的人格榜樣，它首先代表的是士這個階層的價值目標和人生理想。帶有這個階層的職業特質即「爲學」、「謀道」、「明理」等。「先王以祿待天下之士，即以獎進士人於君子之途。」〔註121〕君子作爲士的理想人格，是士之德行、氣節、操守、智慧、學識等的完美結合，他身爲「爲學」、「謀道」、

〔註120〕王夫之：《四書訓義》卷十九，《船山全書》第 7 冊，嶽麓書社版，第 860 頁。
〔註121〕王夫之：《四書訓義》卷六，《船山全書》第 7 冊，嶽麓書社版，第 305 頁。

「明理」、「行義」的主體，崇尚「窮則獨善其身，達則兼善天下」，「不爲貧窮而怠乎道」，即使像孔丘、顏回那樣「飯蔬食飲水，曲肱而枕之」，「一簞食，一豆羹，在陋巷，人不堪其憂」，也能做到「樂以忘憂」，孜孜求道不捨、行義不止，以講求道德和人格尊嚴爲最高目的，而不計較個人的利害得失和物質享受，進入到一種「安仁」、「樂道」的境界。如果能夠做官爲吏，他亦能夠做到「爲民請命」、公正無私，不諂媚於上，不欺詐於下，使「老有所安」、「幼有所懷」，取信於民，因民之所利而利之，鞠躬盡瘁，死而後已，他絕對不會在宦海中同於流俗，「不會爲五斗米而折腰」，有著「生當爲人傑，死亦爲鬼雄」、「人生自古誰無死，留取丹心照汗青」的高遠超拔的氣節與志向。從某種意義上說，王船山所描畫的君子人格全面繼承和發展了中國知識分子的優良傳統，弘揚和光大著中國知識分子的倫理精神和人格尊嚴，它是中華文化精華的凝聚與人格化；也正因爲如此，才使得中國社會各階層各行業成員競相效法，將其視爲自己的人生榜樣和人格理想。

與王船山的君子人格呈現出的明顯的文化型特徵不同，洛克所論證的紳士人格則具有突出的政治性色彩，紳士人格是英國社會各階層在向上流社會看齊的過程中，以貴族精神爲基礎，摻雜了各階層的某些價值觀念融合而成的，它既非中等階級或勞動人民價值觀念的集中體現，也非知識分子和文化人士人生理想的典型反映，它帶有鮮明的貴族階層的精神或人格理想特質。洛克是英國光榮革命即資產階級同貴族階層妥協的產兒。爲了鞏固資產階級和新貴族的統治，洛克擔負起了從理論上論證光榮革命的合理性並爲英國國民創設理想人格的任務，他在闡述貴族精神的過程中發現了理想人格的藍本，並以此作爲英國文化價值體系重新整合的基礎，這就是倡導全體國民向上流社會看齊，一切以貴族的行爲準則爲標準。英國是一個典型的貴族社會，英國歷史上曾圍繞著對舊制度的改造進行過若干鬥爭，但從未有人認眞地試圖去觸動貴族制度，這與英國特有的政治經濟背景及洛克等人的理論創建乃至對貴族制度、貴族精神的辯護是分不開的。正是洛克等人對紳士人格和貴族精神的極力推崇、宣傳與強調，使得英國各階層都上行下效、互相感染，競相把追求自由、勇敢尚武、向上流社會看齊作爲一種時髦，並最終成爲一種民族文化的心理積澱，成爲英國民族精神的重要支柱。洛克的紳士人格源於英國貴族階層的生活方式及其行爲品格，是對貴族精神的一種總結與提升。所謂貴族精神即是英國上流社會的行爲準則、價值觀念與生活方式等的

顯現。貴族精神的第一個特點是勇敢尚武、不畏強暴的騎士精神。英國貴族的祖先大都是作戰時的軍事首領或在戰爭中出類拔萃的勇士，他們的勇敢尚武、騎馬擊劍等傳給下一代不僅成為貴族的一種生活方式，也內化為一種精神氣質。貴族精神的第二個特點是一種強烈的自立自由的精神和自我奮鬥的精神，他們津津樂道的話題往往是某人一無所有，但憑著自己的才乾和勤奮而獲得成功。貴族精神的第三個特點是強烈的主人意識和社會責任感，他們以參與國家大事、處理社會事務、給人以恩惠利便為榮耀。洛克把貴族精神的這些特點加以抽象概括，再綜合其他階層的某些人生理想，提出和全面論證了紳士人格，使紳士人格不僅是貴族人格理想的代表，而且成為英國國民的人生理想和社會化的理想人格，從而大大影響了英國民族精神和社會歷史的發展。

君子人格和紳士人格是中國和英國民族精神的集中體現。君子人格長於氣節，紳士人格長於風度；君子人格講求道義和德操，紳士人格重視功利和禮儀；君子人格嚴峻有餘而寬鬆不足，紳士人格華而不實、流於形式；君子人格之弊在重義輕利、德力分離，紳士人格之弊在固作高雅，偏於守舊。因此，當今的中國人亦或是英國人，對於自己民族的理想人格都有一個批判的總結繼承並加以光大弘揚的問題，同時也有一個借鑒其他民族理想人格的精華以矯自己民族理想人格之偏、補自己民族理想人格之短的問題。這樣，我們不僅能夠發揮倫理傳統的潛力，重建民族的理想人格和價值系統，並且能夠提供世界倫理髮展的方向，使人類在傍惶困惑、矛盾重重中摸索出一個光明的途徑。

「舊識五湖霜月好，寒梅春在野塘邊。」中華民族走過了阻礙它前進的無數溝溝坎坎，繞過了一個又一個布滿了暗礁、險灘的歷史迴流，終於在以馬克思主義毛澤東思想為理論基礎的中國共產黨人的正確領導下，獲得了徹底的翻身、解放與自由，迎來了民族振興、發展與騰飛的生機，實現了王船山等無數先哲往賢夢寐以求的歷史夙願。船山先生有知，自當會含笑九泉的。他所生活的那種「故國餘魂常縹緲」、「橫風斜雨掠荒丘」的時代一去再也不復返了，但他以滿腔深情所描畫的君子人格連同他自己的進步思想卻已滲入民族文化的肌體，成為當代國人建設有中國特色社會主義四個現代化的心理基礎和人格動力。

結束語　論王船山倫理思想的世界意義

　　一位研究世界文明史的思想家曾這樣說過，眞正偉大的思想家的思想總有著跨越其所生活的時代和國度的因素，它永遠不會被後人完全採掘乾淨，就像經過無數平靜生活的歲月而形成的貝殼紋理一樣，它會隨著生活之潮的不斷沖刷而更加神奇美麗，提供著永無窮盡的研究底蘊。王船山無疑屬於那些眞正偉大的思想家之列。盡管他所處的時代正值中國封建社會進入停滯和衰落階段、各種社會矛盾空前尖銳，舊的拖住新的，死的纏住活的，曾一度大放異彩的中華文明也呈黯然狀態，但是也許是多難興邦、憂憤出偉人，也許是生產力落後的國家在意識形態上仍然可以演奏「第一提琴」，從十六十七乃至十八世紀人類倫理思想發展的總流程及所達到的認識水平來看，王船山可謂博大精深自成一家，他的倫理思想不僅是中國倫理史上的一座豐碑，而且也是世界倫理思想史上的一座豐碑。通過與西方近代倫理思想的比較，我們發現他的倫理思想具有深遠的世界意義，這種世界意義可從以下幾個方面來考察：

　　第一、倫理思想建立在頗具唯物史觀因素的理論基礎之上，較好地論述了道德的社會根源和社會本質。

　　在中國亦或是世界倫理文明的發展史上，從唯物主義歷史觀的角度試著來認識和解決倫理道德問題的思想家爲數甚少，許多人總是把倫理道德歸結爲天的旨意或上帝的啓示，歸結爲人的趨樂避苦的自然本能和心理欲望，因此走上了道德宿命論和道德他律論的道路。惟有王船山是馬克思主義產生之前少數幾個試圖從唯物主義角度來探尋道德發生發展的規律並取得重大成果的倫理思想家，其歷史功績是令當永遠被人們所銘記的。具體說來：（1）王

船山充分肯定人們的物質生產活動對人們道德性情的影響，認爲農業生產的發明，小麥及穀物的栽種培植是人類從動物群中走出來的動力，道德是人類社會的物質生產發展到一定階段的產物。（2）王船山強調火的使用及飲食方式的改變對人類生理組織及心理狀況的發展的重大意義，指出人們如果「食非其食，衣非其衣」，就會「食異而血氣改」，「衣異而形儀殊」，就會無異於禽獸。（3）王船山認爲，道德根源於人們的社會生活需要，同社會分工的出現、社會關係的形成以及自我意識的產生有著密不可分的聯繫，道德從萌芽到發展經歷了一個少數人明確到大多數人明確的過程。（4）王船山把實踐當作人的本質和人的眞正價值，強調道德實踐和道德行爲的重要性，提出了「何以謂之德？行焉而得之謂也。何以謂之善？處焉而宜之謂也」的科學命題，發展了唯物主義的道德認識論。（5）王船山堅持「天下惟器」、「道者器之道」和「蓋言心、言性、言天，俱必在氣上說，若無氣處則俱無也」的唯物主義一元論思想，認爲「據器而道存，離器而道毀」，「氣外更無孤託虛立之理」，人們的道德生活依賴於社會的物質生活，人們的道德意識是對道德存在的反映，道德規律存在於現實的道德現象之中。（6）王船山認爲，天理寓於人欲之中，人欲之中有天理，「生人之用曰利」，「出利入害，人用不生」，人離開物質利益就要陷入生存危機境地，就不能發揮人的道德積極性和主體能動作用。他主張「厚生」、「珍生」和「踐形」，尊重人們的物質利益要求，認爲道德源於人們的利益追求和利益調整之中。凡此種種，都在某種意義上說明了船山倫理思想是建立在具有唯物史觀因素的基礎之上的，是試圖從人們的社會生活及其物質生產實踐中去尋找道德的根源，探尋道德發生發展及其演變的原因和規律的。盡管這種努力所達到的水平與成果同馬克思主義的唯物史觀還相距甚遠，無法比擬，它也只是包含一些唯物主義歷史觀的因素或僅僅是唯物史觀的雛型而已，但是這在王船山所生活的那個年代，相對於船山本人遠離都市、孤處湘南偏僻山區著書立說的學術經歷，我們不能不說它是非常了不起的，是對人類倫理文明的卓越貢獻。

　　通過比較，我們發現，與他大體上處於同一時代的西方倫理思想家，不管是活躍政治舞臺、官位顯赫的弗蘭西斯·培根、約翰·洛克等人，亦或是執教於大學講壇的康德，不管是致力於探尋人之生存境況的帕斯卡爾，還是志在使一切科學集中於人的完善這一最高目的的斯賓諾莎，也許還可以提到亞當·斯密、大衛·休謨以及法國啓蒙學者伏爾泰、盧梭、愛爾維修等人，

他們要麼把道德歸結爲人生而具有的善良意志和純粹理性，認爲道德與感性的經驗世界完全無關，道德是絕對超經驗超現實的純粹形式（如康德），要麼把道德歸結爲人生而具有的趨樂避苦的自然欲望，認爲能夠使人感到快樂和幸福的即是道德和善，不能夠給人帶來快樂和幸福的即是不道德和惡，道德是人所具有的本能欲望和自然屬性的表現或確證，（如培根、洛克、斯賓諾莎等人），要麼把道德直截了當地視爲神啓的產物，認爲凡是和道德有關的人的一切行爲和思想就都是美德和至善，而脫離上帝的人的行爲和思想即爲敗德惡行，（如帕斯卡爾、亨利·莫爾等人），要麼把道德視爲人生而具有的同情、憐憫、仁愛、互濟、慈祥等天然情感，認爲利他、仁愛的天然情感構成道德的母體和基礎，（如莎夫茨伯利、哈奇森等人），因此均未能科學地揭示道德的社會根源，從本質上看都是一種唯心主義。他們中的一些人，盡管在自然觀上是唯物主義者，在認識論領域也提出了一條唯物主義的認識路線，如培根、洛克、斯賓諾莎等，但是一旦進入社會歷史領域和道德領域就無法用唯物主義的世界觀來研究和解釋歷史問題、道德現象，無一例外地陷入了歷史唯心主義。即便像德國的古典哲學的終結者費爾巴哈那樣的唯物主義哲學家也未能幸免，正如馬克思恩格斯在《德意志意識形態》中所指出的：「當費爾巴哈是一個唯物主義者的時候，歷史在他的視野之外，當他去探討歷史的時候，他決不是一個唯物主義者。在他那裏，唯物主義和歷史是彼此完全脫離的。」〔註1〕費爾巴哈的道德論只是重複或進一步發展了英法感性主義和利己主義的道德理論，依然源於抽象的趨樂避苦的人性論。他雖然反對康德的抽象的善良意志理論，但他沒有找到離開康德的抽象道德理論的途徑，反而求助於愛的宗教，並構造一種「語言學根據」，然而這種語言學的根據確是「唯心主義哲學的最後一著。」〔註2〕

王船山之所以是王船山，就在於他能夠堅持用唯物主義的世界觀來說明和解釋道德問題，將中國古代樸素唯物主義發展到一個最高的階段和水平。王船山對人類文明的獨特貢獻不只表現在他的自然哲學方面，更表現在他的歷史哲學和道德哲學方面，表現在他以頗具唯物史觀的理論來論證道德的本質，探尋道德發生發展的規律。

〔註1〕　馬克思、恩格斯：《德意志意識形態》，《馬克思恩格斯全集》第3卷，北京：
　　　　人民出版社1960年版，第51頁。
〔註2〕　恩格斯：《路德維希·費爾巴哈和德國古典哲學的終結》，《馬克思恩格斯選集》
　　　　第4卷，北京：人民出版社1995年版，第234頁。

第二、堅持用辯證法來研究道德範疇和道德現象，比較科學地闡述了道德的歷史性和相對性。

方克在《王船山辯證法思想研究》一書中指出，王船山的唯物主義和辯證法與古代樸素唯物主義和樸素辯證法不同，它是在若干環節和一定程度上把樸素唯物主義和樸素辯證法結合起來的典型形態。蕭萐父在《王夫之辯證法思想引論》一書中也認為，王船山繼承和發展了張載的樸素辯證法，並沿著「入德以凝道」、「要變以知常」的認識途徑，對自然和人類社會的客觀矛盾運動進行了「會其參伍、通其錯綜」的辯證考察，從而把我國樸素形態的唯物辯證法推進到時代條件所允許的高度。

王船山的辯證法是樸素唯物主義和樸素辯證法相結合的典型形態，是樸素形態的唯物辯證法，這種辯證法是馬克思主義科學形態的唯物辯證法產生之前人類辯證思維發展的最高峰。用這種辯證法來研究人類的道德現象和社會生活中的道德範疇、道德理論，使王船山在人類歷史上第一次較為科學地闡述了道德的歷史性和相對性，避免了把道德視為抽象的永恒不變的形而上學錯誤。王船山認為，人類的道德生活是充滿著各種矛盾、衝突和鬥爭的，矛盾著的雙方又同一又鬥爭，由此推動人類道德形態的更替及進步。

王船山倫理思想的辯證因素表現在：（1）提出了「道莫盛於趨時」的命題，認為人類社會生活中的道德是不斷趨時更新、發展變化的，從來就沒有什麼千古不易的道德現象、道德教條和道德理論。道莫盛於趨時，「趨時者，與時行而不息，宵晝瞬息，皆有研幾徙義之功也」，〔註3〕「趨時，因時擇中，日乾夕惕也」。〔註4〕道莫盛於趨時，因此不同的時代不同的社會情勢就必然會有不同的倫理道德，「洪荒無揖讓之道，唐、虞無弔伐之道，漢、唐無今日之道，則今日無他年之道者多矣。」〔註5〕既然道德是發展變化的，那麼道德生活中的人們就應當趨時更新，適應社會發展的趨勢和歷史進步的潮流，移風易俗、革故鼎新，破除舊道德舊觀念，提倡新道德新觀念，以使道德更好地為人的全面發展和完善服務，使道德日趨文明、合理和進步。（2）提出了「命日受，性日生，日生則日成也」的觀點，創立了一種別開生面的人性理

〔註3〕 王夫之：《張子正蒙注·至當篇》，《船山全書》第 12 冊，嶽麓書社版，第 216 頁。

〔註4〕 王夫之：《張子正蒙注·大易篇》，《船山全書》第 12 冊，嶽麓書社版，第 309 頁。

〔註5〕 王夫之：《周易外傳》卷五，《船山全書》第 1 冊，嶽麓書社版，第 1028 頁。

論——性日生論。在王船山看來，性者生理也，日生則日成也，人們只有不斷地接受自然界的給予，幼而少，少而壯，壯而老，不斷地取精用宏，取純用粹以變化其氣質，才能形成人性；同時形成了的人性也並不是「一受成型，不受損益」的，而是「屢移而異」，成之可革的。爲了形成一種純良茂美的人性，人們應當不斷地體天恤道，相繼相續，「擇善必精，執中必因」、「自強不息，日乾夕惕，而擇之，守之，以養性也」。王船山極力稱頌「繼善」對於「成性」的作用，指出：「性則因乎成矣，成則因乎繼矣。不成未有性，不繼不能成。天人相紹之際，存乎天者莫妙乎繼。……夫繁然有生，粹然而生人，秩焉紀焉，精焉至焉，而成乎人之性，惟其繼而已矣。道之不息於既生之後，生之不絕於大道之中，綿密相因，始終相洽，節宣相允，無他，如其繼而已矣。」〔註6〕又說：「繼之則善矣，不繼則不善矣。天無所不繼，故善不窮；人有所不繼，則惡興焉。」〔註7〕在天人相紹之際，人如果有所不繼，停步不前，就會使惡乘隙而入。王船山的性日生論是人性論中別開生面的學說，他所說的繼善成性近似於黑格爾人性是「自己運動和生命力所固有的脈搏跳動」的觀點，同時又有著不同於和高於黑格爾人性論的地方。侯外盧先生曾認爲，王船山的人性學說不但遠遠超過費爾巴哈的人性論，而且是十七世紀最具革命性的理論。〔註8〕（3）提出了「善惡相形而著，無惡以相形，則善之名不立」的善惡矛盾學說，認爲善與惡不僅相互排斥相互對立，而且也相互聯繫相互依賴，在一定條件下還可以互相轉化，他說：「天不與百姓同憂，故善有時而成乎不善；天無往而非理之自出，故不善有時而可以善。」〔註9〕又說：「無善則可以爲善，無惡則可以爲惡，適於善而善不可保，適於惡而惡非其難矣。」〔註10〕在王船山看來，善與惡總是相比較而存在，相鬥爭而發展的。在人的發展和道德進步的過程中，惡並非純粹而絕對地表現爲惡，從某種意義上看，惡也是促進人向善發展、促進社會向文明過渡的一個不可缺少的環節或因素。也許，正是秦皇漢武們惡劣的權欲、物欲和情欲成了推動歷史進步和造成人的發展的槓杆。王船山關於善惡矛盾相互轉化以及「天假其私以

〔註6〕 王夫之：《周易外傳》卷五，《船山全書》第1冊，嶽麓書社版，第1007頁。
〔註7〕 王夫之：《周易外傳》卷五，《船山全書》第1冊，嶽麓書社版，第1008頁。
〔註8〕 侯外盧：《中國思想通史》第五卷，北京：人民出版社1956年版，第98頁。
〔註9〕 王夫之：《續春秋左氏傳博議》卷上，《船山全書》第5冊，嶽麓書社版，第549頁。
〔註10〕 王夫之：《尚書引義》卷一，《船山全書》第2冊，嶽麓書社版，第260頁。

行其大公」的思想，曾被賀麟先生評價為最為卓越的思想，他早於黑格爾一百五十年就提出了近似黑格爾「理性的機巧」的學說，並且論證得比黑格爾更為詳細和深刻，以至我們不得不承認，王船山是最富於辯證法思想的人。(4)王船山運用辯證法思想較為全面地論述了義利、理欲、公私、貞邪、榮辱等一系列倫理範疇，建立了富有辯證色彩的道德價值理論。在王船山看來，「義之與利，其途相反，而推之於天理之公，則固合也。」〔註11〕「義足以用，則利足以和」，〔註12〕「義者，利之合也，知義者知合而已矣」，〔註13〕「和也者，合也，言離義而不得有利也」。〔註14〕義要滿足人們生活所必需的物質利益要求，利要合於公正與道義，二者是辯證的統一。理欲也是如此，有聲色臭味之欲以厚其生，有仁義禮智之理以正其德，合兩者而互為體也。天理寓於人欲之中，人欲之中有天理。「人欲之各得，即天理之大同；天理之大同，無人欲之或異」，〔註15〕理盡則合人欲，欲推即合天理，二者相輔相成、相互依賴、相互補充。公私雖然有對立的一面，但亦有統一的一面，社會公共利益包含著正當的個人利益，生民的生死及個人利益即是公的表現。此外，貞邪、榮辱以及禍福均相因相革，相反相成。(5)王船山還運用辯證法分析生命與死亡問題，提出了「生非創有而死非消滅」〔註16〕和「生死相貿」的觀點。認為人的存在是一個生死更迭、新陳代謝的客觀過程，「散而歸於太虛，復其絪縕之本體，非消滅也。聚而為庶物之生，自絪縕之常性，非幻成也。」〔註17〕舊的個體的衰滅，不是整個生命過程的終結，而是開始了新的個體的發生發展。生死更迭作為一個必然的自然過程，正是人類生生不息的前提和條件。不僅生意味著死，而且死意味著生。「由致新而言之，則死亦生之大造矣。」〔註18〕佛道二教正是因為不懂得生與死的辯證關係，所以才「患生」、「患死」，陷入了「廢天地之化」的泥坑。在王船山看來，沒有生就沒有死，沒有死就沒有生，從宇宙的總體上看，生命運動的消謝與生育是互相均衡的。

〔註11〕 王夫之：《四書訓義》卷八，《船山全書》第 7 冊，嶽麓書社版，第 382 頁。
〔註12〕 王夫之：《尚書引義》卷二，《船山全書》第 2 冊，嶽麓書社版，第 277 頁。
〔註13〕 王夫之：《春秋家說》卷二上，《船山全書》第 5 冊，嶽麓書社版，第 268 頁。
〔註14〕 王夫之：《尚書引義》卷二，《船山全書》第 2 冊，嶽麓書社版，第 277 頁。
〔註15〕 王夫之：《讀四書大全說》卷四，《船山全書》第 6 冊，嶽麓書社版，第 639 頁。
〔註16〕 王夫之：《周易內傳》卷五，《船山全書》第 1 冊，嶽麓書社版，第 520 頁。
〔註17〕 王夫之：《張子正蒙注》卷一，《船山全書》第 12 冊，嶽麓書社版，第 19 頁。
〔註18〕 王夫之：《周易外傳》卷二，《船山全書》第 1 冊，嶽麓書社版，第 888 頁。

「土足以居，毛足以養，邃古無曠地，今日無餘物，其消謝生育，相值而償其登耗者，適相均也。」〔註 19〕推故而別致其新的生化運動，是一個由低到高、由簡到繁的前進運動，也是一個「質日代而形如一」，生命體每一瞬間都在代謝，既是其自身又非其自身的過程。生與死的這種辯證運動要求人們貞生死以盡人道，樹立「健」、「動」的人生觀，既珍生又務義，使自己的生命有意義，死亡有價值。王船山充滿辯證因素的生死觀，不僅深入揭示了人的生命運動的自然性和社會性，而且深入揭示了人的生命運動的歷史性和主體性，剝去了宗教唯心主義在生死問題上製造的種種神秘性，無疑具有震聾發聵、催人振奮使人清醒的積極作用。

我們看到，與王船山同時代和後來的西方倫理思想家在研究倫理道德問題時所使用的方法大都是形而上學的。他們試圖尋求永恒不變的倫理公理和倫理概念，像研究幾何學、物理學一樣來研究倫理學，宣稱「支配物理世界的種種運動的必然，也同樣支配著道德世界的種種運動，因而道德世界內，一切都服從定命」，〔註 20〕這種定命，不是別的即是人的趨樂避苦的欲望和自愛自保追求個人利益的天性。人的這種自然欲望和天性是超時代超歷史和超階級的，是永恒不變的，人們過去、現在還是未來都是愛自己甚於愛別人的，沒有一個人會違背自己的天性或個人利益而行動。他們把道德哲學看成是直接為人的自然本性和趨樂避苦的欲望服務的科學，是一門以人的天性為核心的並對其作論證解釋的科學。洛克指出：「道德上所謂人，是一個永不變的觀念」，〔註 21〕斯賓諾莎指出：「保存自我的努力乃是德性的首先的唯一的基礎」，「我們不能設想任何先於保存自我的努力的德性」。〔註 22〕人性永恒不變，而人性又是道德的源泉、核心、尺度與標準，所以道德也是永恒不變的。西方近代倫理學，雖然產生過許多倫理流派，如情感主義倫理學、功利主義倫理學、感性主義倫理學、理性主義倫理學等，並且彼此之間還進行過長期的辯難論爭，但有一點卻是一致的，即誰都想建立一門一勞永逸、永恒不變

〔註 19〕王夫之：《周易外傳》卷四，《船山全書》第 1 冊，嶽麓書社版，第 976 頁。

〔註 20〕（法）霍爾巴赫：《自然的體系》上卷，管士濱譯，北京：商務印書館 1964年版，第 191～192 頁。

〔註 21〕（英）洛克：《人類理解論》下冊，關文運譯，北京：商務印書館 1983 年版，第 506 頁。

〔註 22〕（荷蘭）斯賓諾莎：《倫理學》，賀麟譯，北京：商務印書館 1983 年版，第 186頁。

的倫理學，為人們提供一種永遠有用、永遠也不會過時的道德行為準則和道德學說。德國理性主義倫理學講普遍的立法形式和絕對命令，認為道德律令是全然超經驗超感性超現實的。只有當人們把視作幸福成份的一切東西都排除於行為的動機以外的時候，道德行為的價值才能夠被確鑿無疑地呈現出來，道德愈是純粹形式的，它就愈有鼓舞力量。在全部西方近代倫理學史上，惟有狄德羅和黑格爾是較富於辯證思維、運用辯證法來分析和研究道德現象的倫理思想家。但是，狄德羅的辯證法是蒙田、帕斯卡爾、拉·羅什福科的懷疑論和矛盾法的變種，帶有濃厚的道德相對主義的色彩；而黑格爾的辯證法則是思辯的辯證法和唯心的辯證法，同時也是拖著形而上學尾巴的辯證法，誠如馬克思所指出的，「把實體瞭解為主體，瞭解為內部的過程，瞭解為絕對的人格。這種瞭解方式就是黑格爾方法的基本特徵。」〔註 23〕因此，他們的辯證法是不能同王船山的辯證法相比擬的，所達到的理論高度亦有差別。王船山運用樸素形態的唯物辯證法來研究道德問題和道德現象，從而使他的倫理思想富於辯證法的因素，無疑是他對人類倫理文明的卓越貢獻。

第三、全面地批判、清理、總結了中國古代的倫理思想，建立了一個博大精深、邏輯嚴謹的倫理思想體系，將中華民族的倫理思想推向了發展的高峰。

侯外廬先生在《中國思想通史》第五卷中認為，船山對中國文化傳統的發展是最值得我們研究的，他對於學術傳統的批判發展是最名貴的。船山之學，涵淹六經，傳注無遺，批判朱王，中國的傳統學術大都通過了他的思維活動而有所發展。賀麟先生在《王船山的歷史哲學》一文中指出，王船山是王陽明以後第一人。他在中國哲學史上的地位，遠較與他同時代的顧亭林、黃黎洲為高。他的學說乃是集心學理學之大成。他屬於中國文化史上第一流有氣魂有識見的偉大的哲學家和思想家。嵇文甫先生在《王船山學術論叢》一書中也認為，王船山極深研幾，自成一套哲學體系，不僅為同時諸大師所不及，即通觀全部中國思想史，能像他這樣的也實在不多見，船山博大精深的思想體系，內容極為豐富，是一座寶貴的礦藏，給我們多方面的啟發教育。」〔註 24〕

〔註 23〕馬克思、恩格斯：《神聖家族》，《馬克思恩格斯全集》第 2 卷，北京：人民出版社 1957 年版，第 75 頁。

〔註 24〕侯外廬：《中國思想通史》第 5 卷，北京：人民出版社 1956 年版，第 42～43頁；賀麟：《文化與人生》，北京：商務印書館 1988 年版，第 258 頁；嵇文甫：《王船山學術論叢》，北京：三聯書店 1962 年版，第 2 頁，第 31 頁。

　　就倫理思想來說，亦是如此。他不僅全面地清理和批判了宋明理學，矯正了被理學家們歪曲、擾亂了的理論是非，而且以「入其壘，襲其輜，暴其恃而見其瑕」〔註 25〕的理論勇氣，對作爲宋明理學重要來源的佛教和道教的倫理思想進行了徹底的批判。他以「闢佛老而正人心」，「貞生死以盡人道」爲務，積極地在理論戰線上作戰，指出佛道二教「主靜」、「禁動」、「懲忿」、「窒欲」等倫理主張，是一種「裂天彝而毀人紀」的謬說淫詞，也是一種「惑世誣民」的蒙昧主義。他痛斥理學家們所鼓吹的「存天理，滅人欲」是一種「廢天地之化」的「淫詞」，是「禽心長而人理短」和「食人」的道德說教，認爲貫徹這種道德說教會導致「滅情而息其生」，「虧減以歸，人道以息」的嚴重後果，並針鋒相對地提出了「大勇浩然，亢王侯而非忿」，「好樂無荒，思輾轉而非欲」，〔註 26〕「終不離人而別有天，終不離欲而別有理」〔註 27〕以及「珍生」、「主動」等主張。在王船山看來，宋明理學及佛教道教的倫理思想從本質上看是一種「厭棄物則，而廢人之大倫」的反動說教，是對人的本質和人的價值的歪曲，是一種「人的自我空虛的行爲。」「倘須淨盡人欲，而後天理流行，則兵農禮樂一切功利事，便於天理窒礙，叩其實際，豈非『空諸所有』之邪說乎？」〔註 28〕循著這種批判的思路，王船山批判了老莊的禁欲主義和道德相對主義，認爲老子「五色令人目盲，五音令人耳聾，五味令人口爽，馳騁敗獵，令人心發狂，難得之貨，令人行妨」是一種「病天下」的「陋說」，於天道人倫的發揮弘揚毫無半點益處。王船山認爲，人們只有「入五色而用其明，入五聲而用其聰，入五味而觀其所養」才可以周旋進退，與萬物交而盡性，「以立人道之常。」〔註 29〕莊子的道德相對主義和道德虛無主義「到底推他意思，不過要滯灑活泛，到處討便宜」，本質上是一種利己主義的倫理觀點。

　　王船山批判了商鞅、申不害、韓非等人的人性自私論，認爲自私並非人的天性，人的自私或爲公在相當程度上是後天環境及教養的產物，「生於利之

〔註 25〕王夫之：《老子衍·序》，《老於行　莊子通　莊子解》，北京：中華書局 2009 年版，第 3 頁。
〔註 26〕王夫之：《周易外傳》卷三，《船山全書》第 1 冊，嶽麓書社版，第 924 頁。
〔註 27〕王夫之：《讀四書大全說》卷八，《船山全書》第 6 冊，嶽麓書社版，第 911 頁。
〔註 28〕王夫之：《讀四書大全說》卷六，《船山全書》第 6 冊，嶽麓書社版，第 763 頁。
〔註 29〕王夫之：《尚書引義》卷六，《船山全書》第 2 冊，嶽麓書社版，第 409 頁。

鄉，長於利於途，父兄之所熏，肌膚筋骸之所便，心旌所指，志動氣隨，魄交神往，沉沒於利之中」，〔註30〕因此他就不可能爲公；相反，如果與君子相處，則會「好君子之好，惡君子之惡」，產生爲公而不爲私的觀念與行爲。沒有什麼先驗的永恒不變的人性，自私的行爲和傾向是可以被克服的，大公無私的道德品質和道德境界亦是可以培養和鍛鍊的。

王船山也批判了管仲學派「倉廩實則知禮義，衣食足則知榮辱」的利以生義論，認爲這種觀點無法解釋那些「不足而有廉恥」、「未阜而有禮樂」的現象存在的原因，無法解釋那些「已足而無廉恥」、「已阜而無禮樂」的個中奧秘，它顛倒了道義與功利的關係，完全有可能成爲那些「求足求阜」之人爲自己不義行爲辯護的託辭，它也否定了對人們進行道德教育的必要性，犯了混淆道義與功利關係的倫理自然主義錯誤。在王船山看來，「先王以裕民之衣食，必以廉恥之心裕之；以調國之財用，必以禮樂之情調之，其異於管商之末說亦辯矣。」〔註31〕

同時，王船山對墨子和楊朱的倫理思想亦進行了清理和批判，他不贊同墨子的兼愛說和興利說，也不贊同楊朱的爲我說和全性說，楊墨之說，在理論上是很粗淺的，有很多不合於道義倫理的地方。至於墨子興利說雖則是強調興天下之利，除天下之害，但由於他直接視利爲義，就有可能「牖民於利」，爲那些孜孜求利的人提供道義上的庇護。王船山在批判墨子的義利學說時已經意識到，並不是所有的利都同義相關，也並不是所有的義都必然給人們以實際的利，利中含有許多自然的本性和個人的情欲，如果以這種利作爲人們的行爲準則和價值指導，那麼其結果就不是利而是害。義利既有統一的一面又有矛盾的一面，我們應當使它在造就人的完善和社會發展的基礎上辯證地統一起來。

對於孔孟儒家的倫理學說，王船山也予以了批判地清理與改造。他雖然一方面極力推崇孔孟儒家的倫理思想，以弘揚和復興孔孟儒家倫理思想爲自己畢生的學術使命，但是另一方面他又公然聲明「不惜得罪於先儒」，以「伸斧鉞於定論」的獻身真理精神，決意走一條「六經責我開生面」的學術新路，這其中最主要的方面表現在他對孟子主觀唯心主義的性善論作了深刻的批判。他說：「孟子之言性善，推本而言其所資也，猶子孫因祖父而得姓，則可

〔註30〕 王夫之：《讀通鑑論》卷十四，北京：中華書局 1975 年版，第 373 頁。
〔註31〕 王夫之：《詩廣傳》卷三，北京：中華書局 1964 年版，第 77 頁。

以姓繫之；而善不於性而始有，猶子孫不但可以姓稱，而必繫之以名也。然則先言性而繫之以善，則性有善而疑不僅有善，不如先言善而紀之以性。則善爲性，而信善外之無性也」。〔註32〕在王船山看來，孟子所說的性相當於命，他沒有區分命與性的關係，卻於性言善，而事實上善同命相關，是天人相繼的產物。孟子「以善爲性，則未免以繼之者爲性矣。繼之者，恐且喚作性不得。」〔註33〕孟子割裂「善」和「性」的因果關係而「專言性」，「專言性」的結果，就會引出性善、性惡、性三品、性二元或性善惡混等等爭論。王船山認爲，只有把「善」作爲因，「性」作爲果，強調「惟其繼之者善，於是人成之而爲性」才算理順了「善」與「性」之間的關係。他說：「專言性，則『三品』、『性惡』之說興；溯言善，則天人合一之理得。」〔註34〕王船山力圖用「氣化論」來解決人性善惡之爭，他的總結是：「惟其有道，是以繼之而得善焉，道者善之所從出也。惟其有善，是以成之爲性焉，善者性之所資也。方其爲善，而後道有善矣；方其爲性，而後善凝於性矣。」〔註35〕

此外，王船山對董仲舒、司馬遷、魏晉玄學家以及王安石、陳亮、葉適、李贄等的倫理思想也作了批判性地清理與總結。

可貴的是，王船山的這種批判性總結不是形而上學式的肯定或者否定，而是富於辯證特色的。他並沒有因爲批判和清算宋明理學及其佛道二教的倫理思想而對其某些有價值的論題、觀點和方法置之不理，他也並沒有因爲駁斥老莊申韓的倫理學主旨而對其個別富有啓發性的道德命題和倫理觀念一概否定。誠如侯外廬先生所說的，「夫之豐富了自己，武裝了自己，正如他的詩句：『坎流邐殊塗，既濟愉同歸。比肩通異理，蒙袂輕調飢。』然而在這裏有一個問題，宋明儒者大都有所謂內釋老、外儒學之嫌，即『朱子道，陸子禪』是，這和夫之有什麼分別呢？據著者的研究，分別在這裏：宋明儒者表面上反對了二氏的方法論，但實際上吸收了二氏的世界觀；反之，夫之否定了二氏的世界觀，而吸取了二氏的方法論。」〔註36〕王船山是批判地研究老莊，他並沒有「濫之於事理因果，則支補牽會」式地否定或籠統抹煞老莊倫理思

〔註32〕王夫之：《周易外傳》卷五，《船山全書》第 1 冊，嶽麓書社版，第 1007 頁。
〔註33〕王夫之：《讀四書大全說》卷八，《船山全書》第 6 冊，嶽麓書社版，第 959頁。
〔註34〕王夫之：《周易外傳》卷五，《船山全書》第 1 冊，嶽麓書社版，第 1008 頁。
〔註35〕王夫之：《周易外傳》卷五，《船山全書》第 1 冊，嶽麓書社版，第 1007 頁。
〔註36〕侯外廬：《中國思想通史》第五卷，北京：人民出版社 1956 年版，第 52 頁。

想的合理之處。他認爲老子「大丈夫處其厚，不居其薄；處其實，不居其華」
的思想，確有反對道德形式主義的合理因素；老子「既以爲人己愈有，既以
與人己愈多」以及「將欲取之，必先與之」也含有提倡關心和幫助別人的積
極意義。莊子「不物於物」、「以遊無窮」，以及不爲名利禍福所動的處世思想，
船山也給予了某種意義上的肯定，並且認爲莊生之說可以「通君子之道。」
即使是對佛學的評判，王船山也和那班並沒有讀過佛書或隨便掇拾一點就任
意亂關者不同，他的確研究過佛學，並且著有《相宗絡索》一書，很能講出
些門道。「他之善於辨析名理，似乎得力於佛家不少」，「他理解並運用佛家的
分析方法，可是把佛家的世界觀完全顛倒過來了。」〔註37〕

　　正是這種揚棄百家、推陳出新的治學態度和研究方法，使得王船山「坐
集千古之智」，注重利用「先我而得者已竭其思」的先行資料，對前人所探討
過的倫理道德問題均能給以反思和重新認識，對前人在倫理學研究中所取得
的理論成果，均能予以繼承、弘揚並將其向前推進，從而爲自己創造一個承
前啓後、繼往開來的倫理思想體系奠定了基礎。王船山博大精深、別開生面
的倫理思想體系涉及倫理學研究的各個領域和方面，其中有豐厚富實的人
論，有求實創新的道德論，有革故鼎新的品德論，有充滿生機的人生論和寓
意深遠的理想人格論，包含著對人的本質、人性、人的價值、人的發展、人
的命運、人的生死、道德的起源、道德的本質、道德的功能、道德的作用、
道德品質、道德行爲、道德教育、道德修養和理想人格諸問題的深入細緻的
研究，集分析倫理學與規範倫理學於一體，熔理論倫理學、原則倫理學、品
德倫理學、實踐倫理學於一爐，既有基本理論的分析論證，又有原則和德行
的闡說釋義，還有道德行爲與道德實踐方法、途徑以及理想人格的揭示與描
畫。它是有準則的，但是它的準則能促進客觀的科學的分析；它是富於思辯
色彩的，但是它的思辯性能有助於論證倫理價值和道德理想；它是強調道德
行爲和道德實踐的，但是它並沒有因此走上否認道德知識和道德情感重要性
的道路；它是堅持「公者重‧私者輕」的社會整體主義的價值取向和倫理原
則的，但是它並沒有把社會整體利益與個人利益完全地對立起來而是認爲社
會整體利益包含了正當的個人利益，強調社會整體利益有助於維護和保障人
們正當的個人利益。王船山的倫理思想，既克服了準則主義和實證科學主義
的片面性，又克服了利己主義與利他主義、禁欲主義與快樂主義之間所存在

〔註37〕嵇文甫：《王船山學術論叢》，北京：三聯書店1962年版，第40～41頁。

的對立，既克服了道德動機論與道德效果論的偏頗，又矯正了道德形式主義與道德實質主義的誤差，具有辯證地揚各派之長，避各派之短，使其合理部分在服務人的發展完善、推動社會進步的基點上統一起來的因素。他所提出的理欲合一、義利並重、人我諸重群己兼顧、身成與性成相統一、自強不息與厚德載物相統一的倫理觀點與學說主張，具有納百川細流、合諸家之善的歷史總結特質和激濁揚清、全面創造的品格，眞可謂「銜遠山，吞長江，浩浩蕩蕩，橫無際涯」，博大高明，氣象萬千！

與王船山同時代的西方倫理思想家，則很少有此氣象。他們之研究倫理道德是斷面的亦是零星的，很多人恐怕只能說有倫理觀點與倫理主張，是不能說有倫理思想體系的，如霍布斯、曼德威爾、拉美特利、萊布尼茲、笛卡爾等；有的雖然對某一個倫理道德問題有專門獨到的研究，並且取得了相當的成果，但對其他倫理問題的研究則付之闕如，如休謨的人性論、亞當·斯密的道德情感論。在西方近代倫理思想史上，對傳統倫理作了全面的批判性總結的，莫過於弗蘭西斯·培根、斯賓諾莎和康德。弗蘭西斯·培根、斯賓諾莎和康德確對從古希臘畢達哥拉斯直到近代馬基雅弗利乃至他們同時代人的倫理思想進行了歷史的考察和批判的總結，但是也許是西方傳統倫理思想本身的倚輕倚重或不完整原因所致，使得他們所創立的倫理思想體系雖也嚴謹但缺乏博大，雖也獨到但有欠精深。弗蘭西斯·培根除了頗具特色和神韻的全體福利說及品德倫理學理論以外，對其他倫理道德的研究確也平平；斯賓諾莎除了合理利己主義及知德統一論以外，對道德行爲、道德教育及道德品質等問題的研究卻缺乏力度；康德無疑是西方近代最偉大的倫理思想家，他不僅建立了一個眞善美相統一的龐大的哲學體系，而且也建立了一個以善良意志爲起點、以絕對命令爲核心，以推崇義務和人格爲目的的倫理思想體系。他不僅對經驗論的幸福主義道德觀持批判性的態度，而且對唯理論的禁欲主義道德觀也持批判的態度，他也試圖將感性與理性、利己與利他、快樂與德行、幸福與至善統一起來，但是由於他製造兩個世界即現象界和本體界的對立，使得他在強調道德原則的純粹性和善良意志的純正性的同時卻不能對人的感性欲望、物質利益及幸福快樂給予應有的尊重，而是走上了一條割裂感性與理性、必然與自由、幸福與道德關係，片面強調道德動機，主張爲義務而義務的道德形式主義和純粹道義論的道路。正如馬克思恩格斯在《德意志意識形態》中所說的，「康德只談善良意志，哪怕這個意志毫無效果他也

心安理得。……康德的這個善良意志完全符合於德國市民的軟弱、受壓迫和貧乏的狀況。」康德「把法國資產階級意志的有物質動機的規定變爲自由意志，自在自爲的意志，人類意志的純粹自我規定，從而就把這種意志變成純粹思想上的概念規定和道德假設」。〔註38〕康德原本是想對經驗論倫理學和理性論倫理學予以總結的，可是後來他就只顧對英法功利主義和幸福論倫理學予以批判，使自己的倫理學走上比理性主義還要理性主義的嚴肅主義和道德形式主義的軌道，以至於人們想起康德的倫理學便感到不安和畏懼。叔本華曾譏諷康德的倫理學爲一副假面具，在這個假面具後面隱藏著一副司空見慣的宗教道德的面孔。雖然言過其實，但也並非全無道理。

從理論趨向和學術品格上講，王船山的倫理思想介於英法功利主義和德國理性主義之間，他既不像英法功利主義者那樣爲個人利益辯護，將道德視作人之趨樂避苦、自愛自保的產物，認爲個人利益是道德的源泉和基礎，利己是目的，利他是實現利己目的的手段，也不像德國理性主義者那樣，完全將利益、幸福、感性快樂排除於道德大門之外，認爲「德性之所以有那樣大的價值，只是因爲它招來那樣大的犧牲，不是因爲它帶來任何利益。」〔註39〕在王船山看來，道義存在於利益調整和利益激勵之中，只要注重道義或行動符合道義，就必然導致利益和得到眞正的利益。「事得其宜，則推之天下而可行，何不利之有哉。」〔註40〕夫功於天下，利於民物，亦仁者之所有事。道義原不與功利相爲對壘，它們是可以統一而且也應當統一的。王船山的這種倫理價值論比之英法功利主義和德國理性主義的倫理價值論，要具有更大的合理性。即使在今天，仍不失它的積極意義。

當然，在指出王船山倫理思想的世界意義時，我們也不應對其缺陷和不足之處視而不見。毋庸諱言，船山倫理思想是有它不可避免的消極因素的，它並沒有完全擺脫也不可能擺脫時代和階級給予它的局限。船山的倫理思想充滿著種種矛盾和衝突，具體說來，這種矛盾和衝突表現在：（1）倫理思想體系的內在邏輯性、連貫性與散漫、零亂的表述方式之間的矛盾。船山沒有寫出一部專門系統的倫理學著作，他的《四書訓義》、《讀四書大全說》、《禮

〔註38〕 馬克思、恩格斯：《德意志意識形態》，《馬克思恩格斯全集》第 3 卷，北京：人民出版社 1960 年版，第 211～214 頁。

〔註39〕 （德）康德：《實踐理性批判》，關文運譯，北京：商務印書館 1960 年版，第 158 頁。

〔註40〕 王夫之：《四書訓義》卷八，《船山全書》第 7 冊，嶽麓書社版，第 382 頁。

記章句》以及《續春秋左氏傳博議》、《尚書引義》等同樣也是政治的哲學的法律的乃至教育的著作，涉及和包含著眾多學科領域的內容，因此這種非專門的倫理學表述就有可能造成某些倫理學命題、主張同論證形式之間的矛盾。此外，王船山許多倫理學觀點大多是借助於對傳統經典著作的闡釋、箋解與考訂而提出的，這些都在一定程度上妨礙了積極的倫理學內容的表述。與此相適應，（2）正如侯外盧先生所指出的，它在為歷史的人類和人類的歷史繪出理想上美妙的圖譜時，卻是用古色古香的古代語言來表達的。一方面，他力圖使自己的道德思維集中於現在倫理問題的透視分析和未來道德狀況及理想人格的構想預制，另一方面他又常常不自覺地從過去的典籍和歷史著述中去尋找構想理想目標的依據，去發掘解剖現實道德問題的理論工具，因此在某種意義上削減了對現實道德問題的直面分析和重點思考。（3）趨時更新的理性追求與固守道德情感偏好之間的矛盾。王船山的倫理思想基本精神是崇尚變革、趨時更新的，它主張弘揚傳統倫理、移風易俗、推陳出新，充滿著一種面向未來的勃勃生氣。船山本人也是反對厚古薄今和言必稱三代的遺風的。但是，船山的心靈深處又有著固守傳統道德的偏好，認為孔孟儒家開創的道統無懈可擊，並以維護儒家道統為己任，有時為了維護儒家道統，競也說出一些反對和否定道德變革的話。凡此種種，都說明了船山倫理思想的缺失和局限。

但是，盡管如此，王船山的倫理思想體系畢竟是他那個時代最傑出最卓越的倫理思想體系。他批判性地清理和總結了中國古代的倫理思想，並用模素形態的唯物辯證法分析和研究道德現象，以帶有諸多唯物史觀因素的歷史觀探尋道德的起源、本質及其發展規律，在倫理學領域掀起了一場深刻的革命變革。船山倫理思想的成果是輝煌的，無愧於他自己「六經責我開生面」的學術誓言，無愧於後人稱之的「南國儒林第一人」，無愧於有幾千年文明史的中華傳統倫理，也無愧於群芳競豔、學派迭起、新知不斷的人類倫理或世界倫理！

成中英先生在談到傳統與現代的關係時指出：「應該這樣來瞭解現代化，它是包含過去和未來的現代，是在改革、揚棄過去的基礎上邁向未來的現代」，並認為「傳統經過一個改革的過程可以變為向前推動、向前邁進的重大力量。」〔註41〕船山倫理無疑是屬於傳統倫理這個大範疇中的，只要經過我

〔註41〕成中英：《文化倫理與管理》，貴陽：貴州人民出版社1991年版，第4～5頁。

們的反思、批判與總結，也是可以轉化爲現代倫理的構成要素的。現代倫理在本質上有一個承繼和弘揚傳統倫理，並在立足於傳統倫理的基點上去肯定現代，探尋現代人生活方式和倫理價值觀念的任務。身爲轉型期的中國人，我們一方面要集中精力研究現代人類的處境及人類倫理的發展走向，另一方面又要深入研究本民族和其他民族的倫理道德遺產，使二者結合起來互相促進，才能夠創造出既適乎人類倫理髮展之潮流又具有本民族倫理的特色、既有歷史感又有現實感的現代倫理和二十一世紀的中國倫理！

下部：船山倫理思想專論

第一章　王夫之義利思想探論

　　王夫之的義利思想究竟是重義輕利亦或是義利並重、義利統一？是傳統義利思想的總結亦或是近代義利思想的奠基？這是需要深入探討的重大理論問題。從整體上看，王夫之的義利思想同其哲學思想一樣，具有承前啓後、繼往開來的性質，體現了「綜合創新」的特點。一方面他「坐集千古之智」，出入於中國歷史上的各家各派的義利學說，對其理論成果予以系統的總結，可謂傳統義利思想的集大成者；另一方面他又以「六經責我開生面」的精神對傳統義利思想作「暴其恃而見其瑕」的工作，在繼承的基礎上予以批判性的超越，創造性地提出並建構了「新故相資而新其故」的義利思想，包含著不少與近現代義利學說相契合的活性因素。

一、義利概念的梳理與類型化區分

　　義利之辨是中國倫理文化史上貫穿始終的倫理價值問題，各家各派均對此作出了自己的思考，形成了中國倫理文化史上一道獨特的景觀。儒家更以義利學說爲「儒者第一義」。王夫之也非常重視義利問題，甚至認爲「義利之辨」是制約華夏夷狄之辨和君子小人之辨的根本，是倫理價值觀的核心。「天下之大防二，而其歸一也，一者何也？義利之分也。」〔註1〕華夷之辨與君子小人之辨的要旨均在於價值追求的不同，本質是義利取向的差別。基於此種認識，王夫之承繼了義利之辨的傳統，認爲倫理價值觀的確立離不開義利之辨，社會人心的安頓需要義利之辨，如果不對義利概念和義利關係作出必要的梳理與論證，就很難提出眞正有意義的倫理價值學說。

〔註1〕王夫之：《讀通鑑論》卷十四，北京：中華書局1975年版，第373頁。

　　與傳統義利學說一般性地界說義利概念有別，王夫之對義利概念作出了不同含義與層次的區分，提出了「義」有一人之正義、一時之大義和古今之通義的不同層次或類型，利也有非道德、合道德和反道德的不同指向和意義，從而大大發展了古代的義利之辨，彰顯出了某種類似現代西方元倫理學分析道德概念的意蘊。

　　首先，他對「義」範疇作出了既源於傳統又超越傳統的深入系統的分析研究，在將「義」一般性地界定爲「立人之道」的基礎上，認爲作爲人們立身處世、待人接物的價值目標和行爲準則的「義」，可以區分爲三個不同的層次，即「一人之正義」、「一時之大義」和「古今之通義」，這三個層次因其適用的範圍、時空的限制有輕重的差異、公私的區別，「以一人之義，視一時之大義，而一人之義私矣；以一時之義，視古今之通義，而一時之義私矣；公者重，私者輕矣，權衡之所自定也。」〔註2〕在王夫之看來，義的三個層次，在一定的歷史條件下，可能是統一的，統一的前提必須是使一人之正義既能反映一時之大義，也能合乎古今之通義。統一是極爲理想的狀態，也是人們應當努力爲之奮鬥或追求的。當著三者發生矛盾的時候，就應當堅持「古今之通義」的價值取向，「不可以一時廢千古，不可以一人廢天下。」這就是說，無論是一人之正義，還是一時之大義，都必須服從於古今之通義。否則，「執其一義以求伸，其義雖伸，而非萬世不易之公理，是非愈嚴，而義愈病。」〔註3〕王夫之以君臣關係和國家民族關係來對義的這三個層次加以說明，認爲「事是君而爲是君死，食焉不避其難，義之正也。」一時之大義則比一般的事君境界要高，它要求臣子所忠於的君主應該是天下所共奉的君主，「非天下所共奉以宜爲主者也，則一人之私也；」「君非天下之君，一時之人心不屬焉，則義徙矣；此一人之義，不可廢天下之公也。」〔註4〕即使所事者是天下所共奉之君，也還有比君臣之義更高的大義所在，這就是夷夏之辨，「而夷夏者，義之尤嚴者也。」因此，對於不能保中夏、衛社稷的昏暗之君，決不應當無條件地服從，而應當堅決反對，此所謂「不以一時之君臣，廢古今夷夏之通義也」。〔註5〕古今之通義也就是國家民族之大義，它

〔註2〕王夫之：《讀通鑑論》卷十四，北京：中華書局 1975 年版，第 400 頁。
〔註3〕王夫之：《讀通鑑論》卷十四，北京：中華書局 1975 年版，第 400 頁。
〔註4〕王夫之：《讀通鑑論》卷十四，北京：中華書局 1975 年版，第 401 頁。
〔註5〕王夫之：《讀通鑑論》卷十四，北京：中華書局 1975 年版，第 401 頁。

高於並優於君臣之義。他說：「爲先君爭嗣子之廢興，義也；爲中國爭人禽之存去，亦義也；兩者以義相衡而並行不悖。如其不可兩全矣，則先君之義猶私也。中國之義，人禽之界，天下古今之公義也。不以私害公，不以小害大。」〔註6〕王夫之還把古今之通義與「生民之生死」聯繫起來，肯定「生民之生死」爲「公」，而「一姓之興亡」爲「私」，強調循公廢私，顯示出了走向近代義利觀的啓蒙意義。

其次，王夫之對利也作出了全面系統的界說。從最一般的意義上，他把「利」解釋爲「生人之用」，認爲利是指能夠滿足人們物質生活需要的財富與功利。人如果沒有物質利益以滿足自己生理的各種需要，他就不能生存下去；離開了物質利益，就要陷入危險或自我滅亡的境地。所以說，「出利入害，人用不生。」〔註7〕在王夫之看來，自然界的一切有生命的事物，無不「各安其本然之性情以自利，」〔註8〕即無不具有趨利避害和自愛自保的功能。人也一樣，「人則未有不自謀其生者也。」〔註9〕爲什麼呢？道理很簡單，人也與自然界的一切生物一樣，需要生存，要生存就必須按其「本然之性情以自利。」「各安其本然之性情以自利」雖然是合理的，但在倫理道德上卻屬於不善不惡的範疇，既說不上什麼善，也說不上什麼惡，它是屬於現代倫理學所講的「非道德意義上的善」。利，一旦從「安其本然之性情」的視閾進入到現實人我己群關係的領域，就會產生善惡兩種不同的結果。從道德評價的意義上，王夫之提出了兩種「利」的概念，一種是「益物而和義」意義上的「利」，另一種則是「滯於形質，則攻取相役，而或成乎慘害，於是而有不正者焉」〔註10〕意義上的「利」，前者爲善，後者則爲惡。「益物而和義」意義上的「利」，是一種與人民大眾的福祉相一致且能夠促進人民大眾福祉實現意義上的「利」，也是國家人民之公利。乾道之利即具有此種性質，王夫之指出：「乾之始萬物者，各以其應得之正，靜動生殺，成惻隱初興、達情通志之一幾所函之條理，隨物而益之，使物各安其本然之性情以自利；非待既始之餘，求

〔註6〕　王夫之：《讀通鑑論》卷十五，北京：中華書局1975年版，第447頁。

〔註7〕　王夫之：《尚書引義》卷二，北京：中華書局1962年版，第36頁。

〔註8〕　王夫之：《周易內傳》卷一，《船山全書》第1冊，長沙：嶽麓書社版，第69頁。

〔註9〕　王夫之：《讀通鑑論》卷十九，北京：中華書局1975年版，第550頁。

〔註10〕　王夫之：《周易內傳》卷一，《船山全書》第1冊，長沙：嶽麓書社版，第75頁。

通求利，而惟恐不正，以有所擇而後利。此其所以爲大也。」〔註11〕乾利是
一種利天下萬物，使萬物各得其益，人類各得其利的美利，它既是起點意義
上的純正原初之利，又是施與意義上的利天下群類之利，還是不言所利的無
往不利。這種利的本質是「義之和」，即它祥和而無害，使天地萬物達到一種
最均衡適宜的和合。這種利既化生催育萬物，又使萬物循其自身的特質生長
發育，含有大公無私的精神品格。「滯於形質」而「攻取相役」意義上的「利」
則是一種惟利是圖的個人私利，這種個人私利是一種置天下大義和國家人民
利益於不顧的自私自利之利，其本質是損人利己和損公肥私。對利的類型化
區分與論證，比之籠統地重利或輕利具有更加合理而科學的因素。

義利概念的梳理和界定，爲探討義利關係提供了認識的基礎，也爲義利
取向的合理化論說提供了價值的依傍。因爲，一般地說有什麼樣的義利概念，
就會有什麼樣的義利關係，有什麼樣的義利概念和義利關係，就必然有與之
相適應的義利取向。

二、義利關係的辯證界說

義利關係是一個十分重要而又非常複雜的倫理學問題，義利含義的不同
必然會有不同的關係架構，有些義利關係是統一的，譬如古今之通義與益物
合義之利的關係，有些義利關係則是矛盾的，譬如古今之通義與個人私利之
間的關係，有些則是既對立又統一的，譬如一人之正義與「各安其本然之性
情以自利」之間的關係，如此等等，因此需要具體的分析和類型化的處理。
在《尚書引義》「禹貢」篇中，王夫之對義利關係架構的複雜性有一段頗爲清
醒而又深刻的論述：「立人之道曰義，生人之用曰利。出義入利，人道不立；
出利入害，人用不生。智者知此者也，智如禹而亦知此者也。嗚呼！義利之
際，其爲別也大；利害之際，其相因也微。夫孰知義之必利，而利之非可以
利者乎？夫孰知利之必害，而害之不足以害者乎？誠知之也，而可不謂大智
乎！」〔註12〕義利同爲人類所需要，但是義利關係常常又同利害關係糾纏在
一起，有誰眞正知道道義必然帶來功利，而功利又不一定眞正帶來功利呢？
又有誰眞正知道功利必然帶來禍害，而禍害又不一定對人造成禍害，反倒對

〔註11〕 王夫之：《周易內傳》卷一，《船山全書》第 1 冊，第 69 頁。長沙：嶽麓書社
　　　　 版。
〔註12〕 王夫之：《尚書引義》卷二，北京：中華書局 1962 年版，第 36 頁。

人有利呢？在這種認識的基礎上，王夫之對義利關係作出了「辨同異」的論證，既比較深刻地論述了義利之間的內在一致性和相互聯繫，又對其可能出現的矛盾與衝突作出了令人信服的闡釋，揭示了義利之間的辯證關係。

論證「義之必利」以闡說義與利的內在聯繫。王夫之從動機與效果的關係並結合利害關係來探討義利之間的關係，提出了「義之必利」和「離義而不得有利」的命題，認爲只有講求「義」才能帶來眞正的「利」。背離了「義」就不會有眞正的「利」，而只會導向「害」。「出乎義入乎害，而兩者之外無有利也。《易》曰：利物和義。義足以用，則利足以和。和也者合也，言離義而不得有利也。」〔註13〕不講道義或者說違背人民群眾的根本利益去求取什麼個人利益，就不可能得到什麼利益，相反只能帶來禍害。義利關係充滿著動態的複雜性，求利的動機不一定能達到實現功利的效果，只有以道義作爲行爲的準則和價值目標，才能夠帶來和實現無害意義上的功利。效果意義上的功利的獲得不能建立在求利的動機的基礎上，如果一開始就以功利作爲動機和價值目標，那就很有可能帶來禍害而不是功利。他在評說孟子見梁惠王時說：「儒者之道，進之可以成王業，退之亦以保其國家，惟擇於義利名實之間而已。義非以爲利計也，而利原義之所必得；義非徒以其名也，而名爲實之所自生。故君子之道，心有必正者，言有必愼。」〔註14〕王夫之特別強調國家要以義爲利，要懂得義可以生利的辯證法。他批評盲目求利的小人，「利於一事，則他之不利者多矣；利於一時，則後之不利者多矣；利於一己，而天下之不利於己者至矣。」〔註15〕所以要從全局的、長遠的目光去看待義與利的關係，掌握好事物的度量分界。王夫之特別指出統治階級要以養民爲義，而不可「屑屑然求財貨之私己以爲利」，不以功利而是以道義作爲價值目標和內在動機，不僅可以純化人的道德動機，淨化社會風氣，而且可以收穫眞正意義的功利，實現利國利民，「義者，正以利所行者也。事得其宜，則推之天下而可行，何不利之有哉？」〔註16〕這就是「仁義未嘗不利」的個中奧秘。

〔註13〕 王夫之：《尚書引義》卷二，北京：中華書局1962年版，第36頁。

〔註14〕 王夫之：《四書訓義》卷二十五，《船山全書》第8冊，長沙：嶽麓書社版，第27頁。

〔註15〕 王夫之：《四書訓義》卷八，《船山全書》第7冊，長沙：嶽麓書社版，第382頁。

〔註16〕 王夫之：《四書訓義》卷八，《船山全書》第7冊，長沙：嶽麓書社版，第382頁。

　　肯定「義者，利之合也」以揭櫫義的功利效用。王夫之批判了董仲舒和程朱理學割裂義利關係的錯誤，指出宋儒用董仲舒「正其義不謀其利，明其道不計其功」來注釋《孟子》，「失之遠矣」，肯定每一個人追求正當個人利益的合理性，認為道義的功用和價值就在於保護和滿足正當的個人利益。人類之所以需要道義，不是為了「害」，而是為了「利」。人與自然界的一切生物一樣，「無不各安其本然之性情以自利」，〔註17〕追求個人利益是人生存發展的內在需要，具有本然之性情的意義和特點。道義就是為了保護人們正當的個人利益，使其獲得比較理想的實現。從表面來看，「義之與利，其途相反」，但從實質上來看，義之與利，「則故合也。」道義從根源和它的發展歸宿上講，它並不是反功利的，而恰恰是維護功利並能促進功利的最大限度實現的。凡是有利於增進人民的福祉和利益的行為，必定是合乎道義的行為。「所謂義者，唯推而廣之，通人己、大小、常變以酌其所宜，然則於事無不安，情無不順。」〔註18〕義是利益關係的調節、宰制與規約，其目的旨在建立良善的利益關係，確保各種正當利益的最大實現，使整個社會生活有序運行，人們安居樂業。因此，「義者，利之合也。知義者，知合而已矣。」〔註19〕道義不僅內涵了人們的正當利益，而且還是人們正當利益實現的保證和必要條件，謀求個人利益只能在道義原則的指導下來進行才能真正有所得到和實現。否則就會走向它的反面。王夫之的這種觀點含有在利益的協調與結合的層面來強調道義的功利性因素，把道義拉回到現實的利益世界，解決了宋明儒家將道義與功利對立起來的「二律背反」或道德聖化問題，使道義真正建築在世俗世界的基礎之上，昭示了通向近現代義利觀的倫理價值因素。

　　意識到「利者，非之門」即對「利」的非道德性作出深刻的剖判。王夫之批判了管子學派的「利以生義論」和明末李贄等人的「私利即公義論」，強調並不是所有的利即是義，並不是任何義都帶來利，義利關係存在著矛盾或衝突的一面，我們應當在二者衝突的情境下以義制利，為義捨利。他反對「諸侯之門而仁義存焉」的虛偽，反對「衣食足而後廉恥興，財物阜而後禮樂作」

<hr>

〔註17〕王夫之：《周易內傳》卷一，《船山全書》第 1 冊，長沙：嶽麓書社版，第 69 頁。

〔註18〕王夫之：《四書訓義》卷八，《船山全書》第 7 冊，長沙：嶽麓書社版，第 382 頁。

〔註19〕王夫之：《春秋家說》卷下，《船山全書》第 5 冊，長沙：嶽麓書社版，第 268 頁。

的觀點，認為這是「執末以求其本，」〔註 20〕是管仲、商鞅不願推行仁義的託辭。「衣食足而知榮辱」，那麼衣食不足就可以不知榮辱。如此說來，上古之世衣食嚴重不足，禮義廉恥就沒有產生和發展的條件，人類的榮辱觀念又怎麼產生？社會又如何逐漸進步？如果人類必須「待其足而後有廉恥，待其阜而後有禮樂」，而「足」與「阜」又與其欲望相關，欲望的滿足具有它的不確定性，「天地之大，山海之富」，也難以滿足其欲壑，那麼禮義廉恥就永遠無法產生。在王夫之看來，道義有它的非功利性和超功利性，真正有道德的人即便生活清苦也不會停止其對道義的追求和嚮往。孟子看到了「無恒產而有恒心惟士為能」的現象，說明知識分子完全有可能在物質利益貧乏的情況下創造精神財富，他們在極端艱苦的環境中亦能執著地追求道義。其實，貧而有義的除知識分子外，還有相當多的農家子弟，他們雖然在物質生活方面處於極度貧窮的狀態，但卻能夠在貧窮的狀態下孜孜不倦地追求道義，所謂「家貧出孝子」是也。當然，社會生活中有一部分好利之人，常常以物質利益的匱乏來作為不能講道義的理由，其實對於他們來說，衣食足的標準可以說根本就不存在。因此只能依廉恥禮樂之情來節制他們，使他們也能在利益的追求中勉力依循道義的要求而為。國家對庶民的求利行為要「以廉恥之心裕之，以禮樂之情調之」，並「以廉恥禮樂之情為生物、理財之本」，〔註 21〕只有這樣才能實現天下有道的局面。如果一味地強調「衣食足而後教化可興」，把物質利益的滿足當作講道德的唯一條件，那麼不僅否認了在生活苦難時的道德教育，而且還會造成「偷一時之利而召無窮之亂。」〔註 22〕的災難性後果。基於此種認識，王夫之強調「政有本末備足之具，而後國有與立，而為之則有次序在。審乎緩急而圖之於其本，此王道所以異於富彊之術也。」〔註 23〕應當把富彊之術納入道義的指導與規約之下，千萬不能將富彊上升為治國之本的高度，一味地為富彊而富彊。這種認識包含有現代經濟倫理的因素，強調了道德對經濟和政治的引導規範作用。

〔註 20〕 王夫之：《詩廣傳》卷三，《船山全書》第 3 冊，嶽麓書社 1992 年版，第 394 頁。
〔註 21〕 王夫之：《詩廣傳》卷三，《船山全書》第 3 冊，嶽麓書社 1992 年版，第 394 頁。
〔註 22〕 王夫之：《四書訓義》卷一六，《船山全書》第 7 冊，長沙：嶽麓書社版，第 696 頁。
〔註 23〕 王夫之：《四書訓義》卷一六，《船山全書》第 7 冊，長沙：嶽麓書社版，第 695 頁。

　　發見「義」的非功利性而推崇「捨生取義」。在王夫之看來，道義除了有與功利相貫通的一面，也有其超功利的一面。「以利爲恩者，見利而無不可爲。故子之能孝者，必其不以親之田廬爲恩者也；臣之能忠者，必其不以君之爵祿爲恩者也；友之能信者，必其不以友之車裘爲恩者也。懷利以孝於親、忠於君、信於友，利盡而去之若馳，利在他人，則棄君親、背然諾，不旋踵矣，此必然之券也。故慈父不以利畜其子，明君不以利餌其臣，貞士不以利結其友。」〔註 24〕眞正的道義並不是以功利的追求作爲目的或者以功利作爲手段的，如果不能從動機和價值目標上確立道義的精神追求，一旦許諾利便或沾染上功利的習性，就會使道義大受損傷。王夫之將道德上的是非與義利聯繫起來，認爲「是與非原無定形，而其大別也，則在義利。義者，是之主；利者，非之門也。義不繫於物之重輕，而在心之安否。名可安焉，實可安焉，義協於心，而成乎天下之至是。若見物而不見義，此天下所以汙君子者，而斷然去之久矣。義利之辨莫切於取捨辭受；推之於進退存亡，亦此而已。」〔註 25〕王夫之認爲，在歷史的某些階段和社會生活的某些時期，肯定存在道義與功利的二律背反，會出現「利而不義」和「義而不利」的現象，在這樣的社會環境和歷史條件下，眞正的仁人志士只會義無返顧地選擇道義，哪怕犧牲生命也在所不惜。他發展了孔孟儒家殺身成仁、捨生取義的思想，強調指出：「將貴其生，生非不可貴也；將捨其生，生非不可捨也……生以載義，生可貴；義以立生，生可捨。」〔註 26〕生命是寶貴的，生命的可貴就在於它能夠身體力行道義，當著生命與道義不能兼得的時候，崇尚道義的君子肯定不會爲了苟且偷生而傷害道義，他只會選擇犧牲生命而成全道義。

　　王夫之的義利學說既批判了程朱理學義利觀的錯誤，亦不贊同管仲、司馬遷、李贄等人以利爲義的觀點，他主張把義與利辯證地統一起來，並較好地論證了義與利之間的聯繫和區別，認爲從先後上講，利居先，義居後；從本末上講，義居本，利居末。強調求利必須以義爲指導，只有以義爲指導與規範，才能獲取眞正的利益。眞正的義應當是對國家民族整體利益的認可與維護，它所反對的只是那種損人利己、損公肥私的個人私利，而不是個人正

〔註 24〕王夫之：《讀通鑒論》卷二十，北京：中華書局 1975 年版，第 616 頁。
〔註 25〕王夫之：《四書訓義》卷二十八，《船山全書》第 8 冊，長沙：嶽麓書社版，第 249～250 頁。
〔註 26〕王夫之：《尚書引義》卷五，北京：中華書局 1962 年版，第 109 頁。

當的物質利益，更不是國家民族的整體利益。王夫之的義利學說，從義利之間聯繫的意義上講，表達了對老百姓正當個人利益與國家民族根本利益的維護，表達了對維護國家民族根本利益的公義或曰「古今之通義」的高度贊同。從義利之間區別的意義上講，他區分了義利的不同層次和類型，認識到並不是所有的義都是利，也並不是所有的利都是義，義有非功利性和超功利性的一面，利也有非道義性和超道義性的一面，一些個人非正當的私利往往是背離道義的結晶，一些高尚道義的追求往往要求個體犧牲自己的正當利益乃至生命。王夫之肯定義利關係的不可分割性，總體上是既不主張割裂義利關係，又不主張混同義利關係，既主張重義利之別，又主張重義利之合，建立起來的是一種辯證的義利統一論。

三、義利取向的理性尋求

義利概念內涵和意義的揭示，義利關係聯繫與區別的論述，爲義利取向的探討奠定了基礎。王夫之的義利學說落實到義利取向上，既主張社會秩序建構和倫理考慮層面的義利統一和義利並重，又主張個體修養和價值目標追求層面的先義後利和重義輕利，其基本性質和主旨是義利統一與重義輕利的辯證統一。

從社會層面的倫理秩序建構而言，王夫之主張義利合一與義利並重，認爲一個健全的社會既要正德，又要利用厚生，對庶民百姓既要「富之」亦要「教之」，使其在享有物質生活利便的同時亦能過有意義的精神生活。他的義利合一是與理欲思想密切相關並相輔相成的。他尖銳地批判了程朱理學把天理與人欲對立起來鼓吹「存天理，滅人欲」的禁欲主義思想傾向，明確指出天理寓於人欲之中，人欲之中有天理，「人欲之各得，即天理之大同」，故不可離開人欲而言天理。這種理論比之 17、18 世紀西方倫理學家們對人的物質利益的辯護與論證絲毫也不遜色。尤爲高明的是，王夫之提出了「理欲合性」的思想，不僅認識到天理與人欲二者之間的相互包含與貫通，而且認識到即便是功能各異的天理與人欲也是健康人性的有機組成部分，「有聲色臭味以厚其生，有仁義禮智以正其德，合兩者互爲體也。」〔註27〕王夫之的理欲合一論既肯定天理必寓於人欲以見，人欲之中有天理，又未簡單地將人欲直接地

〔註27〕王夫之：《張子正蒙注》卷三，《船山全書》第 12 冊，長沙：嶽麓書社版，第121 頁。

等同於天理。在他那裏,「必寓於人欲以見」的天理所首肯的是「各得」而不是「同我者從之,異我者違之」的人欲,是「大公」而不是「逐物而往,恒不知反」的人欲。對於那種非「各得」和非「至正」的人欲,有必要從道義上予以約束和抑制。由於比較清楚地意識到理欲之間的辯證性,使得王夫之一方面批判了程朱理學及佛教的禁欲主義學說,另一方面又批判了楊朱學派及魏晉玄學的縱欲主義學說,創立了有別於前人的理欲合一論。王夫之的理欲合一論把價值置於事實或存有之中,但又拒絕把所有的事實都歸結為價值,既避免了混同事實與價值的「自然主義謬誤」,又避免了割裂事實與價值之間關係的「價值無源論」的謬誤,不僅透露出試圖突破中世紀黑暗的近代人文主義思想的曙光,而且也昭示出力圖避免早期人文主義思想弊端的理性主義光輝。

從個體層面的倫理理想和道德價值趨赴而言,王夫之主張擺正義利之間的辯證關係,將重義視為大節,使個人利益的追求服從於服務於這種大節。「君子小人之分,義利而已矣。」君子一心崇尚道義,重義輕利,小人只顧追求利貨,重利輕義。「君子之於義,終身由之而不倦;小人之於利,寤寐以之而不忘。」〔註28〕他同意孟子之說「欲知舜與蹠之分,無他,利與善之間也」,認為「利與善」是「舜、蹠分歧之大辨」,小人以利為人生追求的唯一目標和價值,他們整日沉迷於利益之中,得到利益就高興,失去利益就難過,榮譽與恥辱都同利益的獲得與失去相關。「目淫而不問其心,心靡而不謀其志。」君子則不然,君子以道義為人生追求的價值目標,凡事講求該不該,宜不宜,只要是為道義所認可的就去做,不為道義所認可的就不去做。君子不是不考慮利,而是在求利的過程中能夠自覺地將其納入道義的宰制與規約之下,使「愛財」的活動納入「取之有道」的框架和人生追求中,使利益的獲取具有道德的合理性。

義利取向包含著兩個相輔相成的方面即國家社會層面的義利統一與義利並重,以及個人進德修身層面的先義後利與重義輕利。就國家社會層面而言,既要解決百姓的物質生活需求或穿衣吃飯問題,又要對百姓進行道德的教化,實現「富之」與「教之」的有機統一。統治階級應當高度關心百姓個人的正當利益,並以關心和維護百姓的個人利益為真正的道義。因此,統治階

〔註28〕王夫之:《四書訓義》卷八,《船山全書》第 7 冊,長沙:嶽麓書社版,第 382 頁。

級講道義就應當給老百姓帶來實實在在的物質利益和好處，而決不能將老百姓的物質利益置之度外，僅僅只追求個人的物質利益。統治階級關心尊重老百姓的個人利益，即是崇尚道義的表徵，這種價值取向必然帶來老百姓對國家社會利益的關注與維護，此即「樂民之樂者，民亦樂其樂；憂民之憂者，民亦憂其憂，然而不王者，未之有也。」也只有在尊重和關心老百姓個人利益的基礎上，對老百姓的道德教育才真正有可能為老百姓所接受。因此，要求老百姓講道義的正確方法就是統治階級對老百姓物質利益的尊重與維護。王夫之提出的「人君愛養斯民之道」包含了「制恒產」、「裕民力」和「修荒政」等內容，強調統治階級不與民爭利是實現天下有道的重要環節，社會的道義恰恰是對他人正當利益的尊重與維護。尊重和維護百姓的物質利益不僅是統治階級施行仁政和德治的化身，而且也必將造成「天下有道」的政治局面，統治階級允許老百姓追求自己的個人利益即是在力行「民為邦本」的倫理價值，藏富於民是以德治國的集中表現。他發揮了《大學》中德本財末的觀點，認為「德為萬化之本原，而財乃緒餘之必有，圖其本而自可生其末」。〔註29〕國家應當以德來治理天下，尊重和維護老百姓的物質利益，此即是本，如果國家與老百姓爭利，拼命地聚斂財富，那就是本末倒置，必然導致「財聚則民散」的惡果。所以，「上所以撫有其民者，德也；下所以安於奉上者，財也；此順也。」如果「上棄其德，下失其財，而逆理以取之，悖也。」〔註30〕這種思想，體現了民為邦本的價值指向，無疑具有現代政治倫理的意蘊與合理因素，值得我們繼承和發揚。

　　從個人修養和社會道德呼喚的角度而言義利取向，無疑應當強調先義後利和重義輕利。此處的義利關係一般化約為社會公共利益與個人利益的關係以及他人利益與個人利益的關係。作為利益主體的個人如何對待他人利益和社會公共利益事關個體自身的道德修養和精神境界。一個真正有道德的個體在面對他人利益與個人利益、社會公共利益與個人利益的關係時應當超越個人利益的局限，應當自覺地將自己的個人利益置於他人利益和社會公共利益之後，真正做到先人後己、先公後私。同時也不能以物質利益的滿足作為講道德的條件。王夫之主張把義利關係與公私範疇結合起來思考，認為義利之

〔註29〕王夫之：《四書訓義》卷一，《船山全書》第 7 冊，長沙：嶽麓書社版，第 91 頁。

〔註30〕王夫之：《四書訓義》卷一，《船山全書》第 7 冊，長沙：嶽麓書社版，第 91 ～92 頁。

辨本質上有一個公私之辨，而公私之辨又同價值上的輕重、先後的取捨是緊密聯繫在一起的，基本的價值原則和價值信條是「公者重，私者輕。」在王夫之看來，「以天下論者，必循天下之公，天下非一姓之私也。」〔註31〕又說：「一姓之興亡，私也；而生民之生死，公也。」老百姓的生死是「公」，它比「一姓之興亡」的「私」具有更大的道義性，所以，落實到公私之辨的義利之辨必然提出「不以一人疑天下，不以天下私一人」的價值主張。最大的「公」是中華民族的整體利益和根本利益，因此這種「公」也是「義」的最高層次，是眞正的「道義」。「道義」包含了「生民的生死」和人民群眾的根本利益，從某種意義上說也包含了人民群眾的個人利益，但並不能由此一味地說人民群眾的個人利益就是眞正的「道義」。只有與絕大多數人的利益相融合併能促進其發展的個人利益才眞正具有「道義」的性質與價值。這種義利合一論無疑是中國歷史上義利學說的最高成果。

四、王夫之義利思想的現代啓示

　　王夫之的義利思想是中國義利思想史上綜合創新的代表，他不僅對義利概念作出了層級化的類型區分，而且對義利關係作出了辯證性的結構分析，比較深入地論證了義與利之間的聯繫和區別，落實到義利取向上，既主張社會秩序建構和倫理考慮層面的義利統一和義利並重，又主張個體修養和價值目標追求層面的先義後利和重義輕利，其基本性質和主旨是義利統一與重義輕利的辯證統一。王夫之的義利思想對於我們樹立並弘揚社會主義義利觀，建設先進的社會主義倫理文化，具有一定的借鑒和啓迪意義。

　　王夫之義利思想，啓迪我們在建構與社會主義市場經濟相適應的社會主義義利學說時亦應當對義利概念作出層級化的架構或類型化的處理，以使社會主義的義利學說將先進性的要求與普遍性的要求集於一身，實現既現實既理想的功能互補。我們認為，當代社會主義的義範疇，也可以參照王夫之的理論，作出層次性的界說。一般地說，所謂義，是指人們處理人與人之間、人與社會集體之間關係中的正當、合宜或善，它既包含正當、合宜的心理意識及其觀念，也包含著正當、合宜的倫理行為及其實踐。義有三層不同的含義。第一種意義上的義，可以謂之曰「正義」。「正義」是一種比較具體的道德原則和規範，也是一種人們應當具有的基本品德。「正義」在現實生活中常

〔註31〕王夫之：《讀通鑑論》卷末，北京：中華書局 1975 年版，第 950 頁。

常既指符合一定社會道德原則規範的行為，也指處理人際關係和利益分配的一種原則，即一視同仁和得所當得。一視同仁指按同一原則或標準對待處於相同情況的人和事，得所當得指所得的與所付出的相稱或相適應，如貢獻與報償、功過與獎懲之間，相適應的就是正義，不相適應的就是不正義。正義與公正、正當等含義相近，基本上可以互相通用。第二種意義上的義，可以謂之曰「仁義」。「仁義」是一種優秀的道德品質和重要的道德原則規範，也被認為是基於仁愛之心而產生的較高的富有道德價值的行為，是一種能給他人、集體和國家帶來利益或福惠的善舉。「仁義」有時也可以與道德並稱為「仁義道德」。第三種意義上的義，可以謂之曰「道義」。「道義」既是總的價值目標和最根本的道德原則，也是一切道德原則、規範和品質的綜合化體現。作為一切道德原則、規範和品質的綜合化體現，它在某種意義上與我們一般所講的道德具有同等的意義，二者在大多數情況下可以互相通用。作為總的價值目標和最根本的道德原則，它常常代表著至善和最高的道德精神境界，是人們應當努力趨赴的目標和方向。這三種不同含義的義在境界上也有程度的不同，一般來說，「道義」最高，「仁義」次之，「正義」又次之。我們可以把「大公無私」的行為稱之為「道義」，把「公而忘私」和「先公後私」的行為稱之為「仁義」，把「公私兼顧」的行為稱之為「正義」。「正義」是最基本意義上的「義」，是維繫社會秩序和協調人際關係的最一般的行為準則。「仁義」是較高層次上的「義」，它往往要求人們在利益關係上先想到他人和集體的利益，並自覺地抑制自己的個人利益以成全他人利益和集體利益。「道義」是最高層次上的「義」，它要求人們在利益關係中不僅要先公後私，而且要大公無私，為他人利益和集體利益而犧牲自己的個人利益。當代社會主義的利範疇，也可以作出不同層次和類型的區分。利作為祥和、有益的事物或現象兼具個人與社會、心理與行為、事實與價值等多種屬性。利既可以作為中立於價值判斷的事實存在，也可以被納入價值判斷之中而予以善惡評價。利有應當、正當和失當三種不同的類型及其含義。應當意義上的利是一種理想的和具有正面的道德意義上的利，它的本質是實現了利益的道德化發展，實現了利益關係的和諧，同時是一種與害無關或者說遠離了禍害的純正之利，是一種人們在道德上給予高度肯定性評價並願意終生為之奮鬥的利益。正當意義上的利是一種如同王夫之所說的源於本然之性情的自利，或者說正當的個人利益，它是人們生存和發展的必須，也是建構理想社會和追求高尚人生的基礎。

失當意義上的利則是一種有悖於倫理道德的私己之利，是一種與他人利益和社會公共利益發生衝突並侵犯公共利益或他人利益以發展自身利益的個人私利，是一種採取了不正當的方式方法所謀取到的個人利益。社會主義的義利學說需要而且應當繼承王夫之義利學說的精華，既堅決維護和促進公民個人利益的實現，又主張將其納入道義原則的指導與規約之下，在把國家人民利益放在首位的前提下來談公民個人利益的保護和實現，進而實現義利並重基礎上的義利統一。

王夫之義利思想，啟迪我們堅持倫理思維兩點論和倫理選擇重點論的統一。既把個人利益與整體利益有機地統一起來，又主張把社會整體利益和社會公共利益放在首位並以此為根本性的道義和至上性的道義。社會主義的義利學說堅持個人利益與社會公共利益的統一，主張兼顧二者的關係，使其共同發展。但在社會的價值指向上，又反對簡單地將二者視為同等重要甚至於平分秋色，它主張把整體利益和社會公共利益放在首位予以優先考慮和重點考慮，並由此出發肯定為人民服務的精神和集體主義的原則。相對於複雜多元的利益架構而言，社會主義的義利學說要求把廣大勞動人民的整體利益放在首位，以此來協調各種利益關係，因此它具有在利益結構中突出公利或整體利益的特徵。這種公利同其他道德所推崇的公利的本質區別在於它是一種真實的社會集體利益。當然，在肯定廣大勞動人民整體利益具有道德優先性和首要的道德價值的基礎上，它也肯定無產階級個人利益的合理性和正當性，並主張將無產階級的整體利益和個人利益有機地結合起來。

王夫之義利思想，啟迪我們堅持倫理價值目的論和倫理價值工具論的統一。社會主義的義利學說既強調義利觀的工具價值或工具合理性，又強調義利觀的目的價值或價值合理性，主張將二者有機地統一起來。一方面推崇「君子愛財，取之有道」，主張用合乎道義的方式去追求作為目的而存在的利益，不取不義之財，做到財以義取，利憑義獲；另一方面又把道義視為社會文明和個人完善的價值目標或內在善，主張利益的追求、佔有、消費和付出應當服從於並服務於社會的道義目標，使利益的追求、佔有、消費和付出有助於道義目標的實現、發展和完善。社會主義義利學說反對資產階級功利主義僅僅把道義視為謀利計功手段的價值觀，指出社會主義道義自有其內在的和神聖的價值，不能把道德純粹工具化，認為如果把道德純粹工具化，就會導致整個社會的道德危機。同時，也反對封建地主階級道義論一味地強調道義的

目的價值或至上價值、視人爲道德價值工具的價值觀，認爲如果把道德同功利完全割裂開來，否認道德的工具價值或手段價值，也有可能使道德脫離現實的人生和社會，失卻其改造現實世界、服務人生的作用。落實到義利取向上，既主張社會秩序建構和倫理考慮層面的義利統一和義利並重，又主張個體修養和價值目標追求層面的先義後利和重義輕利，其基本性質和主旨是義利統一與重義輕利的辯證統一。

第二章 王夫之理欲觀的合理因素

　　當代社會道德治理在心理和人性層面的一個突出問題即是在欲望的滿足和利益的追求中彰顯天理良知的因素，陶鑄並培育人之合理欲望或使自然欲望、本能欲望合理化，這是社會需要從道德教育、制度建構所要加以解決的重大問題，也是個人需要從自完其身和道德修養角度所要加以認眞思考並努力踐履的人生要義。因爲，欲望的泛濫或窮奢極欲所導致的倫理危機無論對於社會亦或是對於個人都會造成致命的傷害。我們今天所期盼和希翼的道德生活旋律既不能導向「存天理滅人欲」的禁欲主義路徑，也不能因此而走向它的對立面即人欲橫流的縱欲主義或享樂主義陷阱，只能是也應當是既尊重正當欲望又抑制其不當欲望的節欲主義或導欲主義的正途。深度發掘並弘揚王夫之理欲觀的合理因素，從人之需要、人之人性以及人之發展完善諸方面正確認識欲望與道德價值之間的關係，進而建構一種新時代的理欲合性和以理導欲論，也許是一件既具歷史意義亦具現實意義的事情。

一、王夫之理欲觀的基本性質

　　王夫之的理欲觀既批判了程朱理學存理滅欲的禁欲主義，又批判了李贄等人一味爲私欲辯護的利己主義或享樂主義，本質上是一種既主張尊重庶民百姓基本欲望又倡導以理導欲的辯證的理欲合一論。這種在對基本欲望尊重的同時又對其進行引導和提升的理欲合一、以理導欲論既是傳統理欲觀的繼承和發展，又兼具明清時期啓蒙倫理思潮的理性主義特徵，可以說是一種對禁欲主義和縱欲主義或享樂主義實現雙重超越的理性的節欲主義。這種建立

在「分言之則辨其異，合體之則會其通」〔註1〕基礎上的理欲觀既重視「聲色臭味」之欲的正當性，又肯定仁義禮智之德的合理性，它既不主張混同理欲關係亦不主張割裂理欲關係，推出的理欲觀是理欲合一和以理導欲的有機結合。

（一）批判「滅欲論」，從人之生存意義肯定人欲的合理性

理欲之辨是宋明理學倫理思想的一個基本問題和範疇，以程朱為代表的理學家正是在嚴辨理欲的過程中得出「存天理，滅人欲」這一理學倫理思想的綱領和價值總論的。他們將《禮記・樂記》把天理人欲對稱的思想推向極端，賦予天理以最為崇高的道德價值，極力貶損人欲的存在意義並將其視為惡的化身，由此建構了一種禁欲或滅欲主義的道德理論。程朱理學堅持認為，天理與人欲完全對立，不是天理便是人欲，「無人欲即皆天理，」〔註2〕「人之一心，天理存，則人欲亡；人欲勝，則天理滅，未有天理人欲夾雜者。」〔註3〕「聖賢千言萬語，只是教人存天理，滅人欲。」〔註4〕因此，「存天理，滅人欲」成為程朱理學倫理思想的核心命題和基本價值取向。

王夫之深刻批判了理學家的「存天理，滅人欲」理論，認為這一理論的本質是一種「厭棄物則，而廢人之大倫」的禁欲主義，是「禽心長而人理短」和「食人」的道德說教。在王夫之看來，「蓋凡聲色、貨利、權勢、事功之可欲而我欲之者，皆謂之欲。」〔註5〕欲望是人們對聲色貨利、權勢事功等這些可欲對象的追求。人們為什麼會有對這些事物或現象的追求，完全在於它能滿足人們身體乃至精神的各種需要。人欲首先表現為物欲或對物質生活資料的需求，它是人之生存、發展的基礎要義，也是人類精神生活和道德生活的基礎和來源。捨棄了物欲，不僅動搖人之生存發展的基礎，也必然使人類精神生活和道德生活失去應有的根基或來源。他從「天地之大德曰生」的觀點出發，提出「尊生」、「珍生」的人生價值觀，指出：「聖人者人之徒，人者生之徒。既已有是人矣，則不得不珍其生。」〔註6〕珍重和珍惜生命既是人之生

〔註1〕 王夫之：《張子正蒙注》卷一，北京：中華書局1975年版，第12頁。
〔註2〕 程顥、程頤：《河南程氏遺書》卷十五，《二程集》，北京：中華書局2004年版，第144頁。
〔註3〕 朱熹：《朱子語類》卷十三，北京：中華書局1986年版，第一冊，第224頁。
〔註4〕 朱熹：《朱子語類》卷十二，北京：中華書局1986年版，第一冊，第207頁。
〔註5〕 王夫之：《讀四書大全說》卷六，北京：中華書局1975年版，第369頁。
〔註6〕 王夫之：《周易外傳》卷二，北京：中華書局1977年版，第44頁。

存所必須，也是倫理價值所當然。人道天德源出於對生命本質的把握和對生命價值的肯定。「聖人盡人道而合天德：合天德者，健以存生之理；盡人道者，動以順生之幾。」〔註7〕「存生」與「順生」均包含了對人欲特別是物欲的肯定，人之物質生活欲望及其利益是其生存、生命和生活的前提、基礎和必要條件，也是人類道德生活的前提、基礎和必要條件。「存生之理」和「順生之幾」即是天德人道。因此物欲是不能禁絕的，禁絕了物欲就等於否定人之生命存在與生活需要。「且夫物之不可絕也，以己有物；物之不容絕也，以物有己。己有物而絕物，而內戕於己；物有己而絕己，則外賊乎物。物我交受其戕賊，而害乃極於天下。況夫欲絕物者，固不能充其絕也。一眠一食，而皆與物俱；一動一言，則必依物起。不能充其絕而欲絕之，物且前卻而困己，己且齟齬而自困。則是害由己作，而旋報於己也。」〔註8〕人作為天地之間的靈長物，自身的存在即是物質的存在，其生存發展一刻也離不開物質，他必須通過物質的活動滿足其物欲的要求而使自己得以生存發展。所以對於人而言，物是不能絕，物欲是不能滅的，絕物、滅欲勢必否定自身的存在，結果必然導致「裂天彝而毀人紀」〔註9〕。如果按照理學家「滅人欲」的發展路徑走下去，只會導致「滅情而息其生」，「虧減以歸，人道以息」的嚴重後果。「倘須淨盡人欲，而後天理流行，則但帶兵農禮樂一切功利事，便於天理窒礙，叩其實際，豈非『空諸所有』之邪說乎？」〔註10〕基於此種認識，王夫之針鋒相對地提出了「大勇浩然，亢王侯而非忿」，「好樂無荒，思輾轉而非欲」〔註11〕的主張，旗幟鮮明地要求尊重庶民百姓的物質生活欲望，賦予人欲以深刻的合理性。

王夫之還意識到，人的飲食等物質生活欲望不只是滿足人的需要，更是人從動物群中走出來的動力和基礎，是人的本質力量的重要來源。「人之所以異於禽獸者幾希。無不幾希矣，況食也者，所以資生而化光者乎？」〔註12〕人從動物群中分化出來的基礎恰恰是人之飲食需要的滿足及其改善，正是由於人類改變了茹毛飲血的生活習慣，獲得了「粒食」（即穀物），達到了豐飽，

〔註 7〕 王夫之：《周易外傳》卷二，北京：中華書局1977年版，第65頁。
〔註 8〕 王夫之：《尚書引義》卷一，北京：中華書局1962年版，第3頁。
〔註 9〕 王夫之：《周易外傳》卷二，北京：中華書局1977年版，第61頁。
〔註10〕 王夫之：《讀四書大全說》卷六，北京：中華書局1975年版，第371頁。
〔註11〕 王夫之：《周易外傳》卷三，北京：中華書局1977年版，第98頁。
〔註12〕 王夫之：《詩廣傳》卷五，北京：中華書局1964年版，第154頁。

所以才使其逐步由禽獸而至人類。他說:「食也者氣之充也,氣也者神之緒也,神也者性之函也。榮秀之成,膏液之美,芬藹之發,是清明之所引也,柔懿之所醞也,蠲潔之所凝也。……充生人之氣而和之,理生人之神而正之,然後函生人之性而中之。……嗚呼!天育之,聖粒之,凡民樂利之,不粒不火之禽心其免矣夫。」〔註13〕人類如果否認其食欲等正當要求,「且將食非其食,衣非其衣,食異而血氣改,衣異而形儀殊,又返乎太昊以前,而蔑不獸矣。」〔註14〕正因為飲食欲望的滿足和改善具有如此之大的倫理意義,因此尊重人的物欲以保證人們正常的物質生活就不是可有可無的,而是天德人道的必然要求,尊重天理必須落實到尊重人的物欲上。「君子敬天地之產而秩以其分,重飲食男女之辨而協以其安。苟其食魚,則以河魴為美,亦惡得而弗河魴哉?苟其娶妻,則以齊姜為正,亦惡得而弗齊姜哉?」〔註15〕君子也有正常的物欲和情欲,食求美味,情求美色亦是君子所好的,只是君子追求的物欲和情欲是不違背天理的,有其自身的限度和邊界。

(二)批判縱欲論,從健康人生角度確立以理導欲論

明清之際,以李贄為代表的一部分思想家出於對程朱理學「存天理滅人欲」的不滿,大膽地為個人私欲辯護,提出:「夫私者,人之心也。人必有私,而後其心乃見;若無私,則無心矣。」〔註16〕從私欲是人的本性的認識出發,李贄認為人的一切活動和行為都是在私欲的發動下,以私欲為動力展開的。並強調人生在世就是以滿足和實現私欲為務,種種無私的言說都是「畫餅之談」,沒有任何實際的意義。

王夫之批判程朱理學「存天理滅人欲」的觀點,但是並不贊成李贄等人為私欲辯護的利己主義和享樂主義理論。在王夫之看來,「一欲字有褒有貶。合於人心之所同然,故人見可欲。而其但能為人之所欲,不能於人之所不知欲、不能欲者,充實內蘊而光輝遠發,則盡流俗而皆欲之矣。」〔註17〕「合於人心之所同然」的人欲是人所具有的基本欲望或共欲,無疑應當得到肯定

〔註13〕王夫之:《詩廣傳》卷五,北京:中華書局1964年版,第154~155頁。
〔註14〕王夫之:《思問錄》外篇,《思問錄 俟解 黃書 噩夢》,北京:中華書局2009年版,第73頁。
〔註15〕王夫之:《詩廣傳》卷二,北京:中華書局1964年版,第60頁。
〔註16〕李贄:《德業儒臣後論》,《藏書》卷三十二,《李贄文集》第2~3卷,北京:社會科學文獻出版社2000年版,第626頁。
〔註17〕王夫之:《讀四書大全說》卷六,北京:中華書局1975年版,第363頁。

和滿足，但那種非基本的並表現爲損人利己或損公肥私的私欲，則應當得到抑制或譴責。即便是基本的人欲及其滿足，也有個公私誠僞問題。王夫之主張「人欲中擇天理，天理中辨人欲，」〔註18〕主張應盡量尊重和滿足正當的人欲，遏制和驅除私欲。他提出並深入闡釋了以理制欲、以理導欲的觀點，「以理制欲者，天理即寓於人情之中。天理流行，而聲色貨利從之而正。」〔註19〕之所以要以理制欲，完全是因爲任由欲望的發展，就有可能衝擊並傷害天理，使人倫道德幾近於喪。正可謂「無理則欲濫，無欲則理亦廢。」〔註20〕只有以天理制約和引導人欲，才能使人欲合乎正義，給社會和人生帶來好處。「耳目口體之各有所適而求得之者，所謂欲也；君子節之，眾人任之，任之而不知節，足以累德而損於物。」〔註21〕只有不放任耳目口體之欲，對之加以合理的節制和範導，才能使欲望不損物敗德，促進人的發展和社會進步。

（三）「理欲合性」：辯證理欲觀的提出與證成

在理欲關係的認識和對待上，王夫之既不贊同把理欲關係對立起來，也不主張把理欲關係無差別地等同起來，而是主張把理欲關係辯證地結合起來，既重其異，又會其通，建構一種辯證的理欲合一論。這種理欲合一論既是一種健全的人性論，更是一種理性的價值論，含有尊欲重理或「珍生」、「務義」的因素。

王夫之認爲，人性中包含天理與人欲兩大因素，二者的有機結合即爲人性。「性者，生之理也。均是人也，則此與生俱有之理，未嘗或異；故仁義禮智之理，下愚所不能滅，而聲色臭味之欲，上智所不能廢，俱可謂之爲性。」〔註22〕完整健康的人性是人欲和天理即人的自然屬性與道德屬性的統一，二者缺一不可。「天以其陰陽五行之氣生人，理即寓焉而凝之爲性。故有聲色臭味以厚其生，有仁義禮智以正其德，莫非理之所宜。聲色臭味，順其道則與仁義禮智不相悖害，合兩者而互爲體也」。〔註23〕人性的這兩個方面是互爲體

〔註18〕王夫之：《讀四書大全說》卷九，北京：中華書局1975年版，第634頁。
〔註19〕王夫之：《周易內傳》卷三下，《船山全書》第一冊，長沙：長沙：嶽麓書社版，第355頁。
〔註20〕王夫之：《周易內傳》卷二下，《船山全書》第一冊，長沙：長沙：嶽麓書社版，第255頁。
〔註21〕王夫之：《讀通鑑論》卷三十，北京：中華書局1975年版，第928頁。
〔註22〕王夫之：《張子正蒙注》卷三，北京：中華書局1975年版，第108頁。
〔註23〕王夫之：《張子正蒙注》卷三，北京：中華書局1975年版，第102頁。

用的關係，天理寓於人欲之中，人欲之中有天理。「天理原不捨人欲而別爲體，則其始而遽爲禁抑，則且絕人情而未得天理之正，必有非所止而強止之患。」〔註24〕「終不離人而別有天，終不離欲而別有理」。〔註25〕如果僅僅以仁義禮智之理爲性，把聲色臭味之欲排除在外，那麼這種理性就會失卻物質載體而變成絕對抽象物；如果僅僅以聲色臭味之欲爲性，把仁義禮智之理排除在外，那就會使人欲混同於動物之欲，人同動物就無法區別開來。

聲色臭味之人欲，是人之自然屬性的集中表現。由於同其仁義禮智之德的關係，使其同禽獸的本能欲望區分開來，具有人化的自然欲望的性質。「人之形色足以率其仁義禮智之性者，亦唯人則然，而禽獸不然也。若夫喜怒哀樂愛惡欲之情，雖細察之，人亦自殊於禽獸。」〔註26〕理學家們不懂得人性之生成有待於在酒色財貨之追求中取精用弘的道理，每每視酒色財貨爲「伐性之斧」，進而提出「禁欲」或「滅欲」的思想主張，其實是一種「絕己之意欲以徇天下」的非理之理。

在肯定聲色臭味厚其生的基礎上，王夫之肯定仁義禮智之德是人的內在和本質需要，是人區別於動物的最根本的規定性。人是有道德的動物，人之所以異於草木禽獸就在於人能夠講求道德和擁有道德。「只如明倫察物、惡旨酒、好善言等事，便是禽獸斷做不到處。乃一不如此，倫不明，物不察，唯旨是好，善不知好，即便無異於禽獸」。〔註27〕德性是人之所以爲人的本質屬性，「德性者，吾所受於天之正理，」〔註28〕是人們在體天恤道的過程中形成並發展起來的仁義禮智諸品質。「德性者，非耳目口體之性，乃仁義禮智之根心而具足者也。常存之於心，而靜不忘，動不迷，不倚見聞言論而德皆實矣」。〔註29〕作爲仁義禮智諸品德在人心中的積澱與內化，德性是人們精神追求和內心修煉的產物，並通過接於物而求其則的活動獲得發展和強化。德性的形成過程就是人們繼善不捨、自強不息、自克己私的過程。尊德性就是對仁義禮智諸道德品質的尊重，含有以此來範導自己的精神生活和人生，成就一種優秀的人性。

〔註24〕王夫之：《周易內傳》卷四上，《船山全書》第 1 冊，長沙：嶽麓書社 1990 年版，第 413～414 頁。

〔註25〕王夫之：《讀四書大全說》卷八，北京：中華書局 1975 年版，第 519 頁。

〔註26〕王夫之：《讀四書大全說》卷十，北京：中華書局 1975 年版，第 680 頁。

〔註27〕王夫之：《讀四書大全說》卷九，北京：中華書局 1975 年版，第 633 頁。

〔註28〕王夫之：《四書訓義》卷四，《船山全書》第 7 冊，長沙：嶽麓書社 1990 年版，第 206 頁。

〔註29〕王夫之：《張子正蒙注》卷二，北京：中華書局 1975 年版，第 56 頁。

王夫之的理欲觀既批判了程朱理學的滅欲論，從生存論意義上論述了人欲之爲天理之基礎和來源的重要意義，又批判了李贄等人爲私欲辯護的利己主義和享樂主義理論，從健全人生論意義上闡釋了以理導欲和以欲從理的內在必要性，揭示出合理之人生欲望的倫理價值，在此基礎上論述了理欲合性，揭示出天理和人欲各以其自身獨特功能共同架構起人性精神大廈。這種理欲觀全面論述了人之欲望與道德價值的辯證關係，肯定了「各得其欲」就是「天理」，天理即是寓於人欲之中的正當合理性，又主張以欲從理，以理導欲，從而建構起了一種辯證的理欲統一觀。

二、王夫之理欲觀的理論貢獻

王夫之理欲觀的理論貢獻，集中表現在他對理欲關係的次序、性質和類型作出了全面而深刻的辯證分析與論證，以其順序上的欲先理後論、功能上的同行異情論以及理欲關係的類型分析彪炳於世。

（一）順序上的欲先理後論

在王夫之看來，理欲關係，從其發生的順序上講，是先有人的物質生活欲望，然後才有對物質生活欲望調節和規範的要求。天理或道德本質上不是對人欲的壓抑或禁絕，而是於民之好惡的過程中立一「絜矩之道」，使大家的欲望都能得到正當的滿足與合理的實現，亦即「使之均齊方正，厚薄必出於一，輕重各如其等，則人得以消其怨尤，以成孝弟慈之化。」〔註30〕天理源於人們的物質生活需要，其本質是對人欲及其利益關係的調節，「秩以其分」、「協以其安」是天理的本質內涵及其作用方式。「民之所好，民之所惡，矩之所自出也。有絜矩之道，則已好民之好，惡民之惡矣。乃『所惡於上，毋以使下』，則爲上者必有不利其私者矣；『所惡於下，毋以事上』，則爲下者必有不遂其欲者矣。君子只於天理人情上絜著個均平方正之矩，使一國率而縣之。則好民之所好，民即有不好者，要非其所不可好也；惡民之所惡，民即有不惡者，要非其所不當惡也。」〔註31〕天理源於人類欲望關係和利益關係調節的需要，亦須在各種欲望和利益的關係中謀求正當與合理，這種正當與合理雖然在不同的關係類型和架構中具有不同的內涵，但就其最基本的意義而

〔註30〕王夫之：《讀四書大全說》卷一，北京：中華書局1975年版，第44頁。
〔註31〕王夫之：《讀四書大全說》卷一，北京：中華書局1975年版，第45～46頁。

言，應該傾向於對每個人基本欲望或共同欲望的價值肯定，亦即承認「各得」的人欲，並在此基礎上使人與人之間的欲望關係和利益能夠達成「均齊方正」，此則包含有從關係論的角度上講尋求人之欲望之共生共贏共發展的因素。這也正是天理不反人欲卻有成全人欲的獨特功能。

（二）功能上的同行異情論

天理人欲都是人性的重要構成，二者功能不同，作用各異，缺一不可，它們的相輔相成使人性既健康全面又充滿活力。天理與人欲是統一而不相離的關係。「以我自愛之心，而爲愛人之理，我與人同乎其情也，則亦同乎其道也。人欲之大公，即天理之至正。」〔註32〕人欲之大公，亦即大共，或者說最大多數人的最大幸福，也就是天理之至正，亦即天理最爲正當合理的體現。「天下之公欲，即理也；人人之獨得，即公也。」〔註33〕

理欲關係具有同行異情的特質。「同行者，同於形色之實」，〔註34〕即天理和人欲統一於原初意義上的存在機體或物質形體。「人有人之形，發爲人之色，則即成乎人之理。耳目口體雖爲小體，而皆足以聽命於心，以載道而效其靈，以成仁義禮智之大用，細而察之，無毫髮之同於禽獸，則人之所以貴於萬物者，即在乎此。」〔註35〕人的物質形體是生理和心理、肉體和精神的合一，這就決定了滿足生理需要的人欲和滿足心理和精神需要的天理是不能截然分割的。「天理充周，原不與人欲相爲對壘。理至處，則欲無非理」。〔註36〕「人欲之各得，即天理之大同；天理之大同，無人欲之或異」〔註37〕。因此理在欲中，天理「必寓於人欲以見」即通過飲食男女之欲望來體現，飲食男女之中即有天理。「同於形色之實」強調了天理人欲的聯繫性和同一性，即它們有共同的基礎或來源。「異情者，異於變化之幾」，即天理、人欲具有層次上的區別，各有不同的涵義、性能與特徵，前者滿足人的生理需要，可以厚生，後者滿足人的心理和倫理需要，可以正德，二者都是健康人性所需要的有機構成。

〔註32〕王夫之：《四書訓義》卷三，《船山全書》第 7 冊，長沙：嶽麓書社 1990 年版，第 137 頁。

〔註33〕王夫之：《張子正蒙注》卷四，北京：中華書局 1975 年版，第 165 頁。

〔註34〕王夫之：《周易外傳》卷一，北京：中華書局 1977 年版，第 15 頁。

〔註35〕王夫之：《四書箋解》卷十一，《船山全書》第 6 冊，長沙：嶽麓書社 1990 年版，第 366 頁。

〔註36〕王夫之：《讀四書大全說》卷六，北京：中華書局 1975 年版，第 407 頁。

〔註37〕王夫之：《讀四書大全說》卷四，北京：中華書局 1975 年版，第 248 頁。

　　王夫之的理欲合性論既擺脫了德性主義人性論的局限，又避免了自然主義人性論的錯誤，既擺脫了性二元論對峙的理論窘境，又避免了純粹性一元論的偏頗，它是一元的同時又體現爲兩個方面的，因而是辯證的性一元論。這種人性論無疑是中國歷史上內涵豐富全面、性質健康完善的人性論，也是理欲關係的最理性而深刻的闡釋論述。

（三）理欲關係的類型分析

　　抽象地說，人欲與天理是相互聯繫，互爲體用的。具體而言，欲有不同的類型或層次，有個體存在論意義上的私欲，有社會關係論意義上的公欲或共欲，還有美德論或至德論意義上的志欲。誠如古希臘伊壁鳩魯所說的「有些欲望是自然的和必要的，有些是自然而不必要的，又有些是既非自然又非必要的。」〔註 38〕「我們要體會到，在欲望中間，有些是自然的，有些是虛浮的；在自然的欲望中，有些是必要的，有些則僅僅是自然的；在必要的欲望中，有些是幸福所必要的，有些是養息身體所必要的，有些則是生命本身的存在所必要的。」〔註 39〕現代倫理學把人的欲望分爲三個層次：第一層是最原始的動物性欲望，第二層是社會利益的欲望，第三層是道德的欲望。對於不同的欲望應有不同的態度。有些欲望是必須滿足而且應當滿足的，有些欲望應當是有條件的滿足，有些欲望則必須予以節制和壓抑，甚至禁絕。

　　王夫之認爲，欲在內容上包含了聲色臭味、財貨功利、權勢、事功等，在性質和類型上則可以區分爲「共欲」、「私欲」和「志欲」。依天理判斷人欲，有「或當如此，或且不當如此，或雖如此而不盡如此者」〔註 40〕等類型。這就決定了天理人欲關係的複雜性和矛盾性。理欲關係的矛盾性表現在有些理欲關係是根本對立的，如天理與私欲之間的關係，有些理欲關係是相互融合相互需要的，如天理與共欲之間的關係，有些理欲關係是高度一致的，如天理與志欲之間的關係。還有些理欲關係是不相關的。因此，需要具體分析，區別對待，不能不加區別地把私欲當成人欲。

　　共欲與天理之間的關係是一種基本一致而又相輔相成的關係。共欲是每個人都有的基本欲望，表現爲聲色臭味、耳目口體的基本欲求。「飲食男女，

〔註 38〕周輔成編：《西方倫理學名著選輯》上卷，北京：商務印書館 1964 年版，第96 頁。

〔註 39〕周輔成編：《西方倫理學名著選輯》上卷，北京：商務印書館 1964 年版，第103 頁。

〔註 40〕王夫之：《讀四書大全說》卷六，北京：中華書局 1975 年版，第 369 頁。

皆性也，理皆行乎其中也。」〔註41〕「飲食起居，見聞言動」的欲望，是仁義道德產生和寓居的地方。「即此好貨、好色之心，而天之以陰騭萬物，人之以載天地之大德者，皆其以是為所藏之用……於此聲色臭味，廓然見萬物之公欲，而即為萬物之公理。」〔註42〕聲色臭味之欲望能夠斟酌飽滿於健順五常之正，故此「日以成性之善」〔註43〕。

私欲與天理之間是一種彼此對抗的關係。私欲是一種只顧自己不管他人和社會的個體欲望，私欲不是人的生活的基本需求，而是一種追求「肥甘」的貪欲，是一種「逐物而往，恒不知反」〔註44〕的不知其所止的奢欲，是一種「同我者從之，異我者違之」，孜孜以求個人利益，不管他人死活的意欲。「理不行於意欲之中，意欲有時而逾天理」，這種私欲「不能通於天理之廣大，與天則相違者多矣」。〔註45〕任由這種欲望發展，就會導致「縱其目於一色、而天下之群色隱」；「縱其耳於一聲、而天下之群聲閟」；「縱其心於一求，而天下之群求塞」〔註46〕的嚴重後果，因而對於這種私欲，應當加以堅決的反對和遏制。王夫之指出，「人所必不可有者，私欲爾」，〔註47〕「私欲淨盡，天理流行，則公矣」。〔註48〕

王夫之還分析了「於天理達人欲」和「於人欲見天理」二者之間的不同，指出：「於天理達人欲，更無轉折；於人欲見天理，須有安排。」〔註49〕於天理達人欲，是建立在己之理盡的基礎之上的，「理盡而情即通」。亦即由天理達情欲沒有什麼轉折，相對比較容易，此即是「己之理盡，則可以達天下之情」。於人欲見天理，是建立在己之情推的基礎上的，而這就需要考察情推的性質、力度和效果，因此相對比較複雜，必須另有輔助的功夫，此即是「己之情推，則遂以通天下之理」。〔註50〕「於其所推，則以欲觀欲而後志可通矣。」〔註51〕

〔註41〕 王夫之：《張子正蒙注》卷九，北京：中華書局1975年版，第324頁。
〔註42〕 王夫之：《讀四書大全說》卷八，北京：中華書局1975年版，第520頁。
〔註43〕 王夫之：《尚書引義》卷三，北京：中華書局1962年版，第57頁。
〔註44〕 王夫之：《張子正蒙注》卷三，北京：中華書局1975年版，第107頁。
〔註45〕 王夫之：《張子正蒙注》卷三，北京：中華書局1975年版，第115頁。
〔註46〕 王夫之：《詩廣傳》卷四，北京：中華書局1964年版，第112頁。
〔註47〕 王夫之：《讀四書大全說》卷八，北京：中華書局1975年版，第508頁。
〔註48〕 王夫之：《思問錄·內篇》，《思問錄 俟解 黃書 噩夢》，北京：中華書局，2009年版，第8頁。
〔註49〕 王夫之：《讀四書大全說》卷四，北京：中華書局1975年版，第248頁。
〔註50〕 王夫之：《讀四書大全說》卷六，北京：中華書局1975年版，第424頁。
〔註51〕 王夫之：《讀四書大全說》卷四，北京：中華書局1975年版，第246頁。

在王夫之看來，只有聖人才眞正達到了完整意義上的理欲合一。「若聖人，則欲即理也，情一性也，所以不須求之忠而又求之恕，以於分而得合；但所自盡其己，而在己之情、天下之欲無不通志而成務。」〔註52〕對於一般的人而言，盡己的功夫必須從區分天理人欲入手，其推己的功夫則要注重以欲觀欲，即以己之欲絜人之欲，只有這樣，才能發見是否眞的合乎天理。

三、王夫之理欲觀的現實意義

王夫之理欲觀於其性質體現出理欲合一的辯證性，於其貢獻體現出對其關係的次序、類型和輕重作出深度的理論分析，此則彰顯出獨特的建樹和歷史地位。就其現實意義而言，則莫過於從民生的視域突出民之物質欲望滿足的倫理意義，並在此基礎上提出了尊重庶民物質欲望對於天下治理有著最為重要的功能作用，最後又提出了規範民之欲望使其向著以理導欲、以欲從理方向提升的價值引領問題。

（一）尊重人欲實質上關乎民生，關注民生理當滿足民之共欲

在王夫之看來，「口之於味，目之於色，耳之於聲，四體之於安佚」〔註53〕的人欲，是「人之不能廢」的自然欲望。「飲食男女之欲，人之大共也」。〔註54〕耳目口鼻心等生理器官及其機能，是「天成之的自然之質。」人性的形成離不開「目日生視，耳日生聽，心日生思」〔註55〕等生理心理條件，離不開「飲食起居，見聞言動」等生理欲望和日常生活，人們只有「入五色而用其明，入五聲而用其聰，入五味而觀其所養，」才能夠「周旋進退，與萬物交，而盡性以立人道之常」。〔註56〕人欲事關生民的生死，而生民的生死則比「一姓之興亡」更加重要和根本。「聖人之所甚貴者，民之生也。」〔註57〕關注和體恤民生，是仁道義德的集中體現，也是社會文明進步的象徵。

尊重人欲與維護民生密切相關，解決民生問題說到底是對其欲望的尊重，應當「誠使減賦而輕之，節役而逸之，禁長吏之淫刑，懲猾胥里蠹之恫

〔註52〕王夫之：《讀四書大全說》卷四，北京：中華書局1975年版，第246頁。
〔註53〕王夫之：《尚書引義》卷三，北京：中華書局1962年版，第52頁。
〔註54〕王夫之：《詩廣傳》卷二，北京：中華書局1964年版，第61頁。
〔註55〕王夫之：《尚書引義》卷三，北京：中華書局1962年版，第56頁。
〔註56〕王夫之：《尚書引義》卷六，北京：中華書局1962年版，第148頁。
〔註57〕王夫之：《讀通鑒論》卷十九，北京：中華書局1975年版，第561頁。

喝，則貧富代謝之不常，而無苦於有田之民。則兼併者無可乘以恣其無厭之欲，人可有田，而田自均矣。」〔註58〕尊重和維護民生，要求承認土地私有及其財產的合理性。土地作爲一種生產資料是「天地之固有」，所以不能爲「王者」一人所私有和壟斷。他尖銳抨擊「溥天之下，莫非王土」的觀念，指出：「天無可分，地無可割，王者雖爲天之子，天地豈得而私之，而敢貪天地固然之博厚以割裂爲己土乎？」〔註59〕土地是天賦予眾人的，應當爲眾人所有，人們依靠土地資源再加上勞動創造就能解決自己的生存問題。生命的第一需要就是通過勞動來解決人們的衣食住行等需要的滿足問題。耕者有其田，住者有其屋，內無怨女，外無曠夫，養生送死沒有什麼遺憾，等等，均是民生的基本要求，也是人欲的集中體現。關注和改善民生，必須而且應當滿足民之共欲，這是社會文明的應有底線，也是倫理精神的價值基座。

（二）社會治理的樞機莫過於尊重庶民的欲望

王夫之還從社會治理和文明的角度賦予尊重庶民百姓的物質利益需求和正當個人欲望以較高的道德價值，強調天下的太平和國家的治理均需建立在尊重和滿足庶民百姓物質利益需求和個人欲望的基礎之上，這就是眞正意義上的天理，統治者必須將其視爲治國安邦的核心要義，樂民之所樂，憂民之所憂，應當輕徭薄賦以減輕百姓的負擔，千萬不能無視百姓的欲望和利益。「狎人之欲，則且見民之有欲，卑賤而無與於道矣，無所祗敬者也。夫天載存於見聞之表，誠不可謂其不微；人情依於食色之中，誠不可謂其不卑且賤；而無當於道也。」〔註60〕眞正的道德「必以人爲其歸」。尊重人的價值，必從尊重人的物質欲望入手，想方設法滿足其正當欲望和利益。王夫之特別強調「寬以養民」和「恤民隱」，提醒統治者多體恤百姓之疾苦，保障百姓「粟所以飽，帛所以暖」的物質生活需求。「奪民之財，其以亂天下也無疑。」〔註61〕無視百姓的物質生活需求，剝奪他們的欲望，只會導致民怨沸騰，激化社會矛盾。

統治階級要實現天下有道的政治目的，必須尊重庶民百姓的物質生活欲望，並爲其正當滿足與合理實現提供良好的制度環境和社會保障。在制度設計上，王夫之主張必須遵循公平正義原則，堅持標準的同一性，打破世俗的

〔註58〕王夫之：《宋論》卷十二，北京：中華書局1962年版，第218頁。
〔註59〕王夫之：《讀通鑑論》卷十四，北京：中華書局1977年版，第380頁。
〔註60〕王夫之：《尚書引義》卷五，北京：中華書局1962年版，第124～125頁。
〔註61〕王夫之：《讀通鑑論》卷三十，北京：中華書局1975年版，第934頁。

親疏尊卑界限，不要因利害關係的輕重而失去應有的態度，不要因人際關係的厚薄而影響正當的對待，使所有人的欲望和利益都能得到應有的尊重和保障，尤其是鰥寡孤獨廢疾者的欲望和利益得到應有的保護，人們之間的利益財富應該能夠得到公平合理地分配和實現。

（三）道德文明建設需要弘揚以理導欲和以欲從理的精神

尊重和滿足庶民百姓的物質生活欲望，是一種本源性和基礎性的倫理價值，在此基礎上還應當對庶民百姓的物質生活欲望加以必要的引導和價值的提升，此即是孟子所提出的「既富之則教之」的倫理精神建構。王夫之在尊重和滿足庶民百姓物質生活欲望基礎上提出了「以理導欲」和「以欲從理」的「遏欲、存理」論，並認為「教養並行」才是真正的「為國之道」，既要保證滿足庶民百姓仰足以事父母，俯足以蓄妻子的物質生活需要，使其做到養生送死無憾，也要對其進行倫理道德方面的教育，「教以父子之必有親也，而生事沒寧之必盡其道；教以君臣之必有義也，而上令下共之必循其禮；教以夫婦之必有別也，而辨姓分氏，且六禮之必修；教以長幼之必有序也，而兄友弟恭，且飲、射之必齒；教以朋友之必有信也，而入學親師，與族黨之必睦。」〔註62〕只有人倫教化才能弘揚人之為人的內在規定性，使人自別於禽獸。人倫教化一個十分重要的內容就是使人意識到人是社會群體的產物，人欲的滿足必須在具體的人倫關係中展開，必須考慮他人欲望存在的客觀性與合理性，學會使自己欲望的滿足能夠促成他人欲望的滿足，至少不能傷害他人正當欲望，這就需要以理導欲和以欲從理。以理導欲和以欲從理就是要實現欲望的合理化，即實現「人欲之各得」和「天下之公欲」。因為只有「各得」的人欲或天下的「公欲」才是體現和表徵著天理的，而其他非「各得」的人欲或非「公欲」的人欲則是私欲，私欲的泛濫則導致人際關係的緊張和人性的墮落，因此對私欲予以遏制是成就健康人性、實現天下有道的重要內容。王夫之強調應當把遏欲與存理結合起來，指出：「遏欲、存理，偏廢則兩皆非據。欲不遏而欲存理，則其於理也，雖得復失。非存理以遏欲，或強禁之，將如隔日瘧之未發。」〔註63〕不遏欲以存理，雖然可以得到天理，但是這種天理往往不能得到堅持而獲得恒久發展，總是會在欲望的挑逗與引誘下得而

〔註62〕王夫之：《四書訓義》卷二十九，《船山全書》第8冊，長沙：嶽麓書社1990年版，第336頁。
〔註63〕王夫之：《讀四書大全說》卷十，北京：中華書局1975年版，第717～718頁。

復失。同時，不存理而遏欲，就會使遏欲缺乏應有的支撐與保障，每每陷入死寂空無的玄秘境界。眞正的遏欲要求「辨」、「思」結合，即把遏欲與存理結合起來，使感性在去蔽的過程中不爲其對象所誘引，成就一種能夠分辨善惡並抵禦不良誘惑的善良意志；同時在這種分辨善惡並抵禦不良誘惑的過程中彰顯理性的力量，使感性「不墮於虛」，「不逐於迹」，在遏欲的過程中得到昇華並走向健全，發展起一種以理導欲、以欲從理的倫理價值觀。

王夫之理欲觀既繼承了傳統理欲觀的合理因素，又反映了走向近代的開新特質，具有繼往開來的意義，包含了許多在我們今天看來仍不失其合理性的價值元素。物質生活的欲望對於每一個人來說，既是自然的又是必然的，關鍵在於如何對待，總的原則是既要尊重又要引導。所謂尊重是指尊重其存在的合理性，是從欲望對人生和社會發展意義的角度而言的，由此需要反對和抵制禁欲主義和薄欲主義。所謂引導是指自然而必然的欲望未必都是當然的，人類文明有必要對自然必然的欲望予以必要的引導和規約，使其保持在合理的限度以內，由此需要反對縱欲主義和享樂主義。這種合理的一般要求是強調對他人欲望的關切與尊重，是從自身欲望的尊重與滿足出發尊重與滿足他人欲望，至少不能傷害他人欲望的合理滿足。道德價值和道德準則實質上是對欲望的合理引導和對利益的調節約束，從而使得各種正當需要能夠得到尊重和滿足，各種合理利益能夠得到較好實現和保障。弘揚王夫之理欲觀及其合理因素，對於我們正確應對各種利益矛盾，提升社會正能量，建設社會主義精神文明和道德文明，無疑具有一定的積極意義。

第三章　論王夫之的生死觀

　　生死問題是人生觀的核心內容，也是先秦以來中國思想家長期探討和論爭的重要課題。王夫之通過對古代各家生死觀總結性的批判，建立了自己的生死觀。王夫之的生死觀，在中國倫理思想史上佔有著特別重要的地位。

一、闢佛老而正人心

　　王夫之生死觀的形成，源於他對「佛老」生死觀的批判。在王夫之以前的思想界，高居於精神殿堂的是以倡導「存天理、滅人欲」為其主要特徵的宋明道學。而宋明道學「存天理、滅人欲」理論的淵源則是「佛老」的生死觀。因此，為了徹底清算宋明道學，王夫之在《老子衍》、《莊子解》、《周易外傳》、《張子正蒙注》等著作中，對「佛老」的生死觀進行了深刻的揭露和批判。

　　首先，王夫之批判了「佛老」「患死」、「患生」，主張「長生」、「死樂」的觀點，指出「推故而別致其新」是自然界的「生化之道」，人的生命是一個生死更迭、新陳代謝的客觀過程。

　　老子是先秦道家的創始人。老子生死觀的基本傾向是以保全個人的生命、超脫世俗生活為最高原則。他認為，人要能夠保全自己的生命，就必須做到無為、無欲、不爭和不敢為天下先，過一種聽其自然、知足常樂的生活。莊子繼承和發展了老子的思想，指出人只有循著中虛之道，苟且於人世間，「為善無近名，為惡無近刑，緣督以為經」，才「可以保身，可以全生，可以養親，可以盡年」。道教進一步把老莊的思想發展到極端，提出「不老不死為貴」，主張通過修煉以求長生不老，所以他們十分患死即擔憂害怕死亡。

　　魏晉時期從印度經西域傳入我國的佛教宣稱人生一切皆苦，人不僅在生活過程中充滿著情感方面的痛苦，而且從生到死的整個生命過程處處皆苦。佛教的「苦集滅道」四諦說，始終圍繞一個「苦」字。那麼人怎樣才能擺脫痛苦呢？佛教認為，必須脫離世俗世界，「不以情累生」，「不以生累神」，除煩惱，斷生死，最後才能「生絕化盡，神脫然無累」，達到涅槃的境界，因而佛教主張「無生」即否定生命。

　　在《周易外傳》中，王夫之直截了當地指出，「佛老」主張離生死的思想根源，在於不懂得死之必生和生之必死以及生與死辯證關係的道理。他指出，「所患者必思離之。離而閃爍規避其中者，老之以反為用也；離而超忽遊泆其外者，釋之以離鉤為金鱗也。其為患也均，而致死其情以求生也亦均」。〔註1〕「佛老」「患生」、「患死」必然要導致「懼生」、「懼死」，而「懼之甚，慄之甚」，又必然要走向「速捐其生理而不恤」，恰如「畏溺者也迫自投於淵也」。所以，那些因「患生」、「患死」而試圖「廢天地化者」，只不過是批「禽心長而人理短」的愚庸之徒。

　　在王夫之看來，生死是一種自然現象，大可不必「患死」、「患生」。他說：「自萬物之受其隱見以聚散者，則謂之生死。」〔註2〕就是說，形成生命的陰陽二氣從人的形體消散開去就是死亡，自然界的陰陽二氣聚集起來就可形成生命。「天地人物消長死生自然之數，皆太和必有之幾」〔註3〕，「天不聽物之自然，是故絪縕而化生」。〔註4〕所以，「生死相故，新故相疊，渾然一氣」，「萬物生大造之中，生其生，死其死，化其化者，皆非天地之有心，一其機之不容已者耳」。〔註5〕生死更迭作為一個必然的自然過程，正是人類生生不息的前提和條件。由於人自身的新故相推，日生不滯，才使得人類「相續為蕃衍，由父得子，由小向大，由一致萬」。他把人的生命體的發展分為「胚胎」、「流蕩」、「灌注」、「衰減」和「散滅」五個基本階段，認為「胚胎」、「流蕩」、「灌

〔註1〕王夫之：《周易外傳》卷二，北京：中華書局1977年版，第64頁。

〔註2〕王夫之：《周易內傳》卷五，《船山全書》第1冊，長沙：嶽麓書社版，第521頁。

〔註3〕王夫之：《張子正蒙注》卷一，《船山全書》第12冊，長沙：嶽麓書社版，第16頁。

〔註4〕王夫之：《思問錄》內篇，《船山全書》第12冊，長沙：嶽麓書社版，第402頁。

〔註5〕王夫之：《莊子解》外編，《老子衍莊子通莊子解》，北京：中華書局2009年版，第227頁。

注」是生命體的向上發展，而「衰減」、「散滅」則是生命體的逐漸衰亡。「胚胎者，陰陽充積，聚定其基也。流蕩者，靜躁往來，陰在而陽感也。灌注者，有形有情，本所自生，同類牖納，陰陽之施予而不倦者也。其既則衰減矣，基量有窮，予之而不能多受也。又其既則散滅矣。衰減之窮，予而不茹，則推故而別致其新也」。〔註6〕在王夫之看來，死生是一個事物的互相矛盾又相互依存的兩個方面。舊的個體的衰滅，不是整個生命過程的終結，而是開始了新的個體的發生、發展。「由致新而言之，則死亦生之大造矣」。〔註7〕

　　其次，王夫之批判了「佛老」把生死看作「非自非然、如夢如幻」的觀點，闡發了「生非創有而死非消滅」的物質不滅思想和死生是有規律的思想。

　　老子認為，「天下萬物生於有，有生於無」。生死現象亦是從無那裏產生的，始歸於無，所以生死也是一種虛無縹緲的東西。又說：「天長地久，天地所以能長且久者，以其不自生，故能長生。是以聖人後其身而身先，外其身而身存。」莊子則把生死存亡窮達貧富、賢與不肖、毀譽看成是瞬息萬變而不可捉摸的，他說：「夫大塊載我以形，勞我以生，佚我以老，息我以死。故善吾生者，乃所以善吾死也。」所以莊子主張，鑽著空子在複雜的人世間作逍遙遊，是最佳方術。如果人不順應自然之道，那會勞神損精，使「生之理不足以存」。對老莊的這些觀點，王夫之作出了深刻的批判。他說：「若謂萬象為太虛中所見之物，則物與虛不相資，形自形，性自性，形性、天人不相待而有，陷於浮屠以山河大地為見病之說。」「若謂虛能生氣，則虛無窮，氣有限，體有殊絕，入老氏有生於無自然之論，不識所謂有無混一之常。」〔註8〕老莊之輩，昧於變化的規律，不懂得隨時之義，用投機心理去作臆測，結果必然是「窮末年而未窺道之際」。他揭露，如莊子說「許多汙漫道理，顯與禮悖，而擺脫陷溺之迹，以自居於聲色貨利不到之境。到底推他意思，不過要瀟灑活泛，到處討便宜」。〔註9〕

　　他更反對佛教「以滅靜無餘為大涅槃」，把生和死都當作非自非然，如夢如幻，鼓吹「法性無性，因緣以之生。生緣無自相，雖有而常無」的觀點，指出：「釋氏不知天命，而以心法起滅天地。」「釋氏謂『心生種種法生，心

〔註6〕　王夫之：《周易外傳》卷二，北京：中華書局：1977年版，第63頁。
〔註7〕　王夫之：《周易外傳》卷二，北京：中華書局：1977年版，第63頁。
〔註8〕　王夫之：《張子正蒙注》卷一，《船山全書》第12冊，長沙：嶽麓書社版，第24～25頁。
〔註9〕　王夫之：《讀四書大全說》卷六，北京：中華書局1975年版，第377頁。

滅種種法滅』，置之不見不聞，而即謂之無。天地本無起滅，而以私意起滅之，愚矣哉！」〔註10〕「故其至也：厭棄此身，以揀淨垢；有之既妄，趣死爲樂；生之既妄，滅倫爲淨。何怪其裂天彝而毀人紀哉」。〔註11〕王夫之把佛教這種觀點斥之爲「以眞爲妄，以妄爲眞」的謬論，認爲這些謬說淫詞除了「裂天彝」、「毀人紀」外，別無他用。

在王夫之看來，推故而別致其新的生化運動，不是因緣和合的幻象，也不是有與無的輪迴，而是物質形態的改變。他說：「日月之發斂，四時之推遷，百物之生死，與風雨露雷乘時而興、乘時而息，一也，皆客形也。有去有來謂之客。」〔註12〕「散而歸於太虛，復其絪縕之本體，非消滅也。聚而爲庶物之生，自絪縕之常性，非幻成也。」〔註13〕他反對把人生看作虛幻不實，認爲「夫可依者有也，至常者生也」，他也反對把死亡看作物質的消滅，認爲「人物之生，一原於二氣至足之化；其死也，反於絪縕之和，以待時而復，特變不測而不仍其故爾。生非創有，而死非消滅，陰陽自然之理也。」〔註14〕生生不滅是宇宙萬物也是人類的本質特徵。同時，王夫之還認爲：「天之命，有理而無心者也……生有生之理，死有死之理……違生之理，淺者以病，深者以死，人不自知，而自取之，而自昧之。」〔註15〕人自己違反了生理規律，就會招致疾病以至死亡。可見生命運動存在不以人們的意志爲轉移的客觀必然性，生理規律是不能違反的。並說：「自有生物以來，迄於終古，榮枯生死、屈伸變化之無常，而不爽其則。有物也，必有則也。」〔註16〕生死是自然現象，有它自身的客觀必然性和發展規律。

再次，王夫之批判了「佛老」的僧侶主義和禁欲主義，認爲人的物質生活的欲望並不是人的憂患痛苦的根源，主張「天理寓於人欲之中」。

〔註10〕 王夫之：《張子正蒙注》卷四，《船山全書》第 12 冊，長沙：嶽麓書社版，第 152～153 頁。

〔註11〕 王夫之：《周易外傳》卷二，北京：中華書局：1977 年版，第 61 頁。

〔註12〕 王夫之：《張子正蒙注》卷一，《船山全書》第 12 冊，長沙：嶽麓書社版，第 18 頁。

〔註13〕 王夫之：《張子正蒙注》卷一，《船山全書》第 12 冊，長沙：嶽麓書社版，第 19 頁。

〔註14〕 王夫之：《周易內傳》卷五，《船山全書》第 1 冊，長沙：嶽麓書社版，第 520 頁。

〔註15〕 王夫之：《讀通鑒論》卷二十四，北京：中華書局 1975 年版，第 742～743 頁。

〔註16〕 王夫之：《周易內傳》卷一，《船山全書》第 1 冊，長沙：嶽麓書社版，第 53 頁。

　　老子把人的物質生活的欲望看成是洪水猛獸，認為人欲是一切人生痛苦、社會弊端的根源。他說：「罪莫大於可欲，禍莫大於不知足，咎莫大於欲得」；「吾所以有大患者，為吾有身；及吾無身，吾有何患！」又說：「五色令人目盲，五音令人耳聾，五味令人口爽，馳騁畋獵，令人心發狂，難得之貨，令人行妨。」人要免除自己的憂患痛苦就必須實行禁欲主義。佛教的代表人物慧遠說：「反本求宗者，不以生累其神；超落塵封者，不以情累其生。不以情累其生，則生可滅；不以生累其神，則神可冥。冥神絕境，故謂之泥洹。」「泥洹」（又譯涅槃）是佛教所宣傳的一種絕對安靜無思無念的最高神秘精神狀態。只有認識了佛教所謂的最高實體的人，才能不以生命來拖累他的精神世界；只有根本超脫了現實世界一切俗務的人，才能不以各種情感來拖累他的生命。這樣就可以達到停止一切思慮和情感活動即「涅槃」的境界。

　　對於老、佛鼓吹的禁欲主義和僧侶主義，王夫之進行了猛烈抨擊，認為它們是「厭棄物則，而廢人之大倫」的反動說教，是對人的本質和人的價值的歪曲，是一種「惑世誣民」的蒙昧主義，「倘須淨盡人欲，而後天理流行，則但帶兵農禮樂一切功利事，便於天理窒礙，叩其實際，豈非『空諸所有』之邪說乎？」〔註17〕一語道破佛老禁欲主義的反動實質，具有強烈的戰鬥精神。在王夫之看來，絲粟鹽酪，酒漿雞豚，廬舍帷簾之便利，婦人稚子之所歆是人情莫之能奪者，飲食男女之大共也，物質生活的欲望便是人之大倫。所謂天理並不是與人欲相對立的，相反有欲斯有理，理欲皆自然。如果人們能推己之欲給人以欲，那就合乎天理了，所以天理寓於人欲之中。王夫之認為，「王道本乎人情，人情者，君子與小人同有之情也」，「人欲之大公，即天理之至正矣」，「人欲之各得，即天理之大同」。「吾懼夫薄於欲者之亦薄於理，薄於以身受天下者之薄於以身任天下也！」〔註18〕他要求以身任天下者應當滿足人民的物質欲望，保證人們正當的生活。「君子敬天地之產而秩以其分，重飲食男女之辨而協以其安」。〔註19〕他還指出：「一姓之興亡，私也；而生民之生死，公也」，君主的興亡，是一家一姓的私事，只有全體民眾的生死，才是國家的大事，才是人人應該關心的。人們的物質欲望是人的自然之性，而這種自然之性又以生為基礎，所以承認並滿足人的自然的物質欲望，也就是對生命的愛惜和珍重，只有這樣才能使人真

〔註17〕王夫之：《讀四書大全說》卷六，北京：中華書局1975年版，第371頁。
〔註18〕王夫之：《詩廣傳》卷二，北京：中華書局1962年版，第60頁。
〔註19〕王夫之：《詩廣傳》卷二，北京：中華書局1962年版，第60頁。

正做到「生以盡人道而無歉，死以返太虛而無累」。

二、貞生死以盡人道

王夫之生死觀的主要內容在於「貞生死以盡人道」。「貞生死」是指正確地認識和對待生死問題，「盡人道」是指自覺地實現人的主體性作用，發揮人的主觀能動性，樹立「健」「動」的人生觀。他說：「聖人盡人道而合天德。合天德者，健以存生之理；盡人道者，動以順生之幾。」〔註 20〕「貞生死以盡人道」也就是要論證人類之生死與禽獸之生死的本質區別，揭示人的生命運動的社會性。

首先，王夫之認為人是天地萬物最為寶貴的東西，人能「竭天」、「率天」乃至「造天」，因此人應當珍生，貴其生。

在王夫之看來，人不僅產生於自然並與自然相對立，而且能把自在之物轉變成為我之物，天道人事，全都可以由人支配，「惟其所裁」。他說：「盡知其必有之變而存之於心，則物化無恒，而皆豫知其情狀而裁之。」人通過認識自然，掌握規律，預見事變的發展來「知天之理」和改造自然，實現「竭天」。王夫之強調人之所以異於禽獸，區別於「任天」的禽魚之化，就在於人能通過自覺的鍛鍊而充分發揮自然賦予的認識和改造客觀世界的能力。「夫天與之目力，必竭而後明焉；天與之耳力，必竭而後聰焉；天與之心思，必竭而後睿焉；天與之正氣，必竭而後彊以貞焉。可竭者天也，竭之者人也。」〔註 21〕正是由於人有可竭之成能，「天廣大而人之力精微，天神化而人之識專一」，因而人能作為能動的主體進行自覺的活動，並通過認識和改造自然，成為自然界的主人，達到治萬物用萬物，革故鼎新即率天。同時，由於人能與天地爭勝，善動以化物，使得「天之所死，猶將生之；天之所愚，猶將哲之；天之所無，猶將有之；天之所亂，猶將治之」〔註 22〕創造一個人化的自然界，即造天。人只要充分發揮自己的主觀能動作用實現人的本質，增強聰明才智，堅持人道主義，就可以創造人間奇迹，做到起死回生、化愚為哲，變無為有，撥亂反治，所以王夫之得出結論：「自然者天地，主持者人」。這種以人造天

〔註 20〕 王夫之：《周易外傳》卷二，北京：中華書局 1977 年版，第 65 頁。

〔註 21〕 王夫之：《續春秋左氏傳博議》卷下，《船山全書》第 5 冊，長沙：嶽麓書社版，第 617 頁。

〔註 22〕 王夫之：《續春秋左氏傳博議》卷下，《船山全書》第 5 冊，長沙：嶽麓書社版，第 617～618 頁。

的能動作用正是人的主體性的特徵，也是人的價值之所在。「任天而無能爲，無以爲人」，失去了竭天、率天、造天的主動性，人就不成其爲人。

正是由於人是天地萬物的主宰，能竭天、率天、造天，所以人就應當重視和珍惜自己的生命。他說：「聖人者人之徒，人者生之徒。既以有是人矣，則不得不珍其生。生者所以舒天地之氣而不病於盈也。」〔註23〕「將貴其生，生非不可貴也」。〔註24〕在王夫之看來，萬善基於動，只有珍生，才有道德可言；只有主動，才有善惡可分；也只有珍生，才能夠給社會創造物質財富和精神財富，才能夠推動社會和歷史前進。珍生就是人倫之大道，只有珍生才能夠「存人道以配天地，保天心以立人極」。〔註25〕

其次，王夫之認爲人的一生是命與性的統一，命是性的基礎，性則是命的根本。所以人莫悲於心死，而身死次之。

在王夫之看來，人不僅具有自然性，而且具有社會性，人之所生，不僅有命，而且有性。所謂命，是絪縕太和之氣在聚和形成萬物時所賦予其中的生生不息的自然機制，這是人與動物所共有的。人是自然界的產物，不僅人的生命個體的發展，「始以爲胎孕，後以爲長養，取精用物，一受於天產地產之精英，無以異也」，而且就其類而言，人亦是由「植立之獸」進化而來的，具有同禽獸相差無幾的自然之性。所謂性，是人在受命之後形成的文化道德思想觀念，也可以說是做人之道，而這則是人所獨有的。「立人之道，曰仁與義，在人之天道也。繇仁義行，以人道率天道也。行仁義則待天機之動而後行，非能盡夫人之所以異於禽獸者矣。天道不遺於禽獸，而人道則爲人之獨。」〔註26〕「好學近乎知，力行近乎仁，知恥近乎勇」是禽獸所不能有的、人之所以爲人的特點。在命與性的關係中，王夫之指出，命是性的基礎，性是命的根本，如果只有命而無性，那麼人之生就混同於物之生。人的生命運動的首要特徵就在於性，並說「德莫大於生，生莫尊於性」。「人之爲性也精微，惟人有性，惟人異於物之性，函性於心，乃所以異於物之心，人之所以爲萬物之靈，人之道也。故君子於此專言性，而廣言命焉。」〔註27〕同時，王夫

〔註23〕王夫之：《周易外傳》卷二，北京：中華書局1977年版，第44頁。
〔註24〕王夫之：《尚書引義》卷五，北京：中華書局1962年版，第109頁。
〔註25〕王夫之：《周易外傳》卷二，北京：中華書局1977年版，第57頁。
〔註26〕王夫之：《思問錄》內篇，《船山全書》第12冊，長沙：嶽麓書社版，第407頁。
〔註27〕王夫之：《四書訓義》卷八，《船山全書》第8冊，長沙：嶽麓書社版，第932

之認爲，人的社會性不是一受成侚，不受損益的，而是屢移而異、日生不滯，未成可成，已成可革，新故相推的。正因爲如此，人就應該發揮自己的能動作用，在不斷習行中，努力取多用宏、取純用粹以至於「至善」。所以君子自強不息，以養性也。如果性不能日新，人亦不成其爲人了。「守其故物而不能日新，雖其未消，亦槁而死。不能待其消之已盡而已死，則未消者槁」。〔註28〕王夫之指出：「人莫悲於心死，而身死次之。」思想的僵化與陳腐最爲可悲，而身體的死亡則是次要的。所以王夫之告誡人們應當爲一個崇高的生活目的而活著，做一個有高尚志節和理想的人。他十分強調立志，指出「人之所以異於禽獸者，唯志而已矣。不守其志，不充其量，則人何以異於禽獸哉！」〔註29〕又說：「誠於忍者，利不歆而害亦不距；誠於容者，名不競而實亦不爭……志之所至而氣以凝，欲仁得仁，而喪亦仁矣。」「行夷狄，素患難，而介然以其堅貞之志，與日月爭光。」〔註30〕在王夫之看來，一個人應當不爲世所顛倒，應當樹立以身任天下的人生觀，健以存生之理，動以順生之幾，爲建一代規模而奮鬥，成爲一個純粹的人。

再次，王夫之認爲人不僅要生得有意義，而且要死得有價值，所以「生以載義，生可貴；義以立生，生可捨」。王夫之全面地繼承了孔孟殺身成仁、捨生取義的觀點，並把它向前發展了。他認爲生命之所以可貴，就在於它能載義。生固然重要，義更加重要，生命不體現道德原則，就沒有價值。在生與義不得兩全時，爲了義，應當捨其生。他說：「將貴其生，生非不可貴也；將捨其生，生非不可捨也……生以載義，生可貴；義以立生，生可捨。」〔註31〕並說：「履信思順者，雖險而不傾；取義蹈仁者，雖死而不辱。」〔註32〕君子從容就義，並不是慷慨輕生，而是基於道義追求而產生的奮不顧身之勇毅行爲。王夫之講的義，不是「一人之正義」，也不是「一時之大義」，而是古今之通義，天下之公義。他認爲：「先君之義猶私也。」在王夫之看來，像岳飛那樣把君臣之義看得比民族大義還偉大，就只能造成「古今之通憾」。至

頁。
〔註28〕王夫之：《思問錄》外篇，《船山全書》第 12 冊，長沙：嶽麓書社版，第 434頁。
〔註29〕王夫之：《思問錄》內篇，《船山全書》第 12 冊，長沙：嶽麓書社版，第 451頁。
〔註30〕王夫之：《尚書引義》卷六，北京：中華書局 1962 年版，第 144、145 頁。
〔註31〕王夫之：《尚書引義》卷五，北京：中華書局 1962 年版，第 109 頁。
〔註32〕王夫之：《尚書引義》卷六，北京：中華書局 1962 年版，第 171 頁。

於那種爲非天下所共奉以宜爲主者而死，更是一人之私的可憐犧牲品。在異族入侵民族危亡的生死關頭，王夫之提倡赴湯蹈火、捨生取義的獻身精神，認爲人的理性生命比人的自然生命更爲寶貴。即便是在其權不自我、勢不可回的情況下，也應該做到身可辱，生可捐，而志不可奪。王夫之極爲鄙棄那些不顧民族存亡、缺乏獻身精神，只知求食求匹偶求安居的庸夫俗子，他稱他們爲喪失人性的衣冠禽獸；對於那些喪失氣節、拋棄理想，爲了身家性命而出賣靈魂的無恒之人，王夫之更視如蠅蜈之類。王夫之讚頌那些爲了民族的復興，祖國的獨立與昌盛而不屈不撓、英勇奮鬥，「泊然於生死存亡而不失其度」的志士仁人，認爲他們才是我們民族的脊梁與希望。

第四，王夫之認爲生死是有其內在必然性的，自由就在於對這種內在必然性的認識，所以樹立正確的生死觀就應體定百年之長慮，看準歷史發展的規律並積極主動地爲促進歷史進步和人類文明服務。

王夫之用他的「變化之無常而不爽其則」，「常亦在變之中」，「常立而變不出其範圍」的辯證法思想來解決生死現象中必然與自由的關係，提出「居不以苟安爲土，纖芥毫毛之得失，皆信其必至。動不以非常爲怪，倉卒倒逆之禍福，一聽其自然。」〔註 33〕這樣就能做到可安可危而志不可惑，可生可死而氣不可奪。認識了生死現象的客觀必然性，就能依據這種認識來確立自己的人生道路，掌握自己的命運，駕御事物的變化，獲得行爲和思想上的自由。他說：「君子貞其常以聽變，非望之福不以寵，非望之禍不以驚，優遊於變化之至。」他還說：「生之與死，成之與敗，皆理勢之必有……既以身任天下，則死之與敗，非意外之凶危；生之與成，抑固然之籌畫。生而知其或死，則死而知其固可以生；敗而知有可成，則成而抑思其且可以敗。生死死生，成敗敗成，流轉於時勢，而皆有量以受之，如丸善走，不能逾越於盤中。其不動也如山，其決機也如水，此所謂守氣也。」〔註 34〕在王夫之看來，一個人要在世界上較好地生活，有所作爲，就必須正確認識生死現象的內在必然性，懂得生死成敗相因相轉的道理，從必然中獲得自由。一個人如果能辯證地看待生死現象中必然與自由的關係，就算解決了人生的一個重大課題，就能夠體定百年之長慮，看準歷史發展的規律，跟上時代前進的步伐，才能夠「參萬歲而一成純」，「歷乎無窮之險阻而皆不喪其所依」。王夫之強調，立身

〔註 33〕王夫之：《周易外傳》卷五，北京：中華書局 1977 年版，第 168～169 頁。
〔註 34〕王夫之：《讀通鑑論》卷二十八，北京：中華書局 1977 年版，第 892 頁。

處世的道理，最重要的莫過於跟上形勢，「道莫盛於趨時。富貴、貧賤、夷狄、患難，極於俄頃之動靜、云為以與物接，莫不有自盡之道。時馳於前，不知乘以有功，逮其失而後繼之以悔，及其悔而當前之時又失矣」。〔註35〕所以一個人只有不斷進取勇往直前，才能跟上形勢，順乎歷史之潮流，才能取得成功。只有樹立了正確的生死觀的人，才能夠做到「寵不驚而辱不屈」，「生死當前而不變」，不屈不撓地為自己的崇高的生活目的而鬥爭。

三、六經責我開生面，七尺從天乞活埋

王夫之的生死觀，集中國古代生死觀優秀成果之大成，其內容博大精深，顯示出宏偉的氣魄，是中國人生哲學發展過程中的一座豐碑。概括說來，王夫之生死觀的理論貢獻表現在：

第一，王夫之的生死觀從一個側面反映了他的初具人文主義色彩的自然史觀和人類史觀，包含有較多的辯證法因素。

王夫之運用明清之際自然科學發展的新成果，依據「絪縕生化論」，對生死現象作出了樸素的唯物而辯證的說明，揭示了人的生命運動的自然性。他認為，人的生命也同宇宙萬物一樣，是一個生死更迭、新陳代謝的客觀物質運動的過程，生與死不僅相互矛盾而且相互依存，相互轉化。人的生命體每一瞬間都在代謝，既是其自身又非其自身，「質日代而形如一」。恩格斯認為：「生命首先正是在於：生物在每一瞬間是它自身，同時又是別的東西。所以，生命也是存在於物體和過程本身中的不斷地自行產生並自行解決的矛盾；矛盾一停止，生命也就停止，死亡也就到來。」〔註36〕王夫之關於生死「極其至而後反哉」的命題已經接近辯證唯物主義對立面在一定條件下相互轉化的思想。同時，王夫之關於人的生命是「命」與「性」的統一，而性又不是一成不變的觀點以及人性的發展變化是在人的社會實踐活動中實現的觀點，已開始突破抽象人性論和天賦道德論的界限，具有現實人性論的基質或意義。他的「貞生死」是為了「盡人道」，「盡人道」是為了樹立起「以身任天下」、「健以存生之理」、「動以順生之幾」的人生觀，以便匡時濟世，扶危濟困，

〔註35〕王夫之：《思問錄》內篇，《船山全書》第 12 冊，長沙：嶽麓書社版，第 416 頁。

〔註36〕恩格斯：《反杜林論》，《馬克思恩格斯文集》第 9 卷，北京：人民出版社 2009 年版，第 127 頁。

推動人類歷史前進。他把死生成敗置於歷史必然性中來考察，提出理勢相成的歷史規律論，比前人更深刻地觸及到了歷史運動的辯證法。

第二，王夫之的生死觀突出了人的生命的價值，把人的主體性作用提到了一定高度，這種觀點在中國倫理思想史上是少見的，具有別開生面的意義，也是明清之際倫理思想中反映時代脈搏的最強音。

從先秦孔孟老莊到宋明道學，一般都主張人的生命形體是物質欲望的根源，有礙於義理的發揮和心靈的寧靜，因而倡導輕生重義，厭世求安之說。王夫之則認為生和義是統一的，生是義的基礎，義是生的價值，因此他特別強調人必須珍惜愛護自己的生命，主張「天地之生人為貴」。在王夫之看來，只有重視和珍惜自己的生命，人才能更好地利用和改造自然界，與天爭權，與天爭勝，發揮自己的主觀能動性，做自己命運的主人。他提出，不僅君相可以造命，而且一介之士莫不有造焉，普通人也能掌握自己的命運以實現自我造福社會。他把整個社會人民的生死作為一個根本的政治倫理問題提出來，提醒人們注意，無疑是有價值的。馬克思主義認為，人的生命是最寶貴的。一個人有了生命，才能思維、勞動、創造。人的身體是他從事體力、腦力勞動的物質承擔者。思想文化觀念、倫理道德意識都是人的生存活動的產物。一個人要在社會中發揮自己的聰明才智，要對人類和社會的發展有所貢獻，就必須珍惜自己有限的生命。在馬克思主義看來，輕生厭世，動輒自殺，這是一種極其錯誤的人生態度，是對人生失去信心的懦弱無能的表現；肆意虐待凌辱人民，殘殺無辜，更是滅絕人性的暴行，是一種反社會反人民的醜惡行徑，也是一種對歷史的反動。

第三，王夫之的生死觀強調死要死得有意義，把中國歷史上「殺身成仁」、「捨生取義」的觀點發展到一個嶄新的階段，這對復興民族，拯救祖國，推動人類歷史前進，無疑具有重大的進步意義。王夫之認為，一個人只能有一次生命，一次死亡，要生得有價值，死得有意義。生的價值就在以祖國和人民的大義為重，充分發揮自己的主觀能動性，去實現竭天、牽天、造天，去為報效祖國推動社會前進作出自己的努力和貢獻。死的意義也在於是為了捍衛、保全和增進祖國和人民的大利，為了堅守自己的民族氣節、道德、情操。

王夫之本人就是他所提出的生死觀的忠實的踐履者。他青年時便在家鄉組織「匡社」，立志改革；清軍入關南下後，他曾在衡山起兵抗清；晚年隱居衡陽石船山麓時，仍孜孜不倦地總結歷史，精研哲學，關心國事，探尋真理，

「雖飢寒交迫，生死當前而不變」，「體羸多病，腕不勝硯，指不勝筆，猶時置楮墨於臥榻之旁，力疾而纂注」。在《七十自定稿》中，王夫之寫下了這樣悲壯感人的詩句：「白髮重梳落萬莖，燈花鏡影兩堪驚。……故國餘魂常縹緲，殘燈絕筆尚崢嶸。」〔註37〕他到臨死時關心的還是光復舊物，復興民族，「生無歸漢日，死負報燕才。……九州隨縹緲，歷歷夢初回」。他的一生是光彩照人的一生！

當然，王夫之的生死觀也有著它自身的局限，同樣存在著「死的拖住活的」的現象，並沒有擺脫封建傳統觀念的束縛。比如，他關於人的生命是命與性的統一併沒有把人的本質作為社會關係的總和，而是把「性」歸結為倫理道德，認為人同動物的區別就在於人有知仁勇等道德觀念，這種觀點並沒有徹底跳出古代人性論的窠臼。他雖然主張關心生民的生死，但是由於他把勞動群眾誣為有欲無性的小人，因而不能體現出真正的關心；他所盛讚的氣節多為復興漢民族尤為明王朝的統治而不與滿族貴族妥協的精神；他所謂的義也只不過是漢族統治階級整體利益和長遠利益的代名詞。總之，由於時代和階級的局限，使得他的生死觀一方面呈現出「六經責我開生面」的生氣勃勃的開拓，另一方面又呈現出「七尺從天乞活埋」的無可奈何的悲歎。面對著「橫風斜雨掠荒丘」的社會情勢，他也只能恨懷才不遇，壯志難酬，「雪瓦封燈暗，宵鐘到枕哀」，「思芳春兮迢遙，誰與娛兮今朝」，遙望未來歷史的春天而眼前卻感到孤寂淒苦。這是那個時代思想家的共同悲劇，也是歷史難產之痛苦的呻吟、回聲。

〔註37〕王夫之：《薑齋詩集》，《王船山詩文集》上冊，北京：中華書局 1962 年版，第 264 頁。

第四章　王夫之的消費倫理思想探論

　　王夫之的消費倫理思想是其經濟倫理思想的重要體現，反映著他對消費行為的倫理見解和對消費道德價值的深刻把握，表徵著他那個時代人們對消費倫理的理性認識及其所達到的水平。在既要倡揚艱苦奮鬥勤儉節約又要肯定合理消費以刺激生產促進發展的當代社會，批判地繼承王夫之的消費倫理思想並在此基礎上作超越性的創新，以建構既符合時代倫理精神又不失民族倫理精神特質的消費倫理模式，無疑是一件具有重要意義的工作。

一、理欲合性的理欲觀

　　王夫之的消費倫理思想是建立在其理欲觀的基礎之上的，同時又是其理欲觀的價值伸延和理論推擴。理欲觀是中國古代哲學倫理學的重要理論問題，涉及道德規範與物質欲望之間的關係，不僅同倫理學基本問題有著最為密切的聯繫，而且構成消費倫理的邏輯起點。中國歷史上的理欲之辨肇始於先秦時期的百家爭鳴，在兩宋時期達到高峰，明清之際具有更加成熟的性質並蘊涵有向近代過渡的因素。中國歷史上的理欲觀大體而言有「以理節欲」、「存理滅欲」和「理存於欲」等幾種觀點。「以理節欲」的思想源於墨子，在西漢董仲舒及後世一些儒家那裏亦有一定的反映。存理滅欲的思想早在佛教那裏即已出現，宋代的理學家在吸取唐代李翱「性善情惡」說的基礎上融進佛教「滅欲」、「無欲」的成分，推出了頗具思辯性的「存理滅欲」論。「理存於欲」的思想在南宋事功學派那裏已初露端倪，至明代李贄、何心隱日趨成型。王夫之的理欲觀總體上看既強調「理存於欲」，主張「理欲合性」，又肯定「以理節欲」的必要性，主張實現人欲的道德化節制，同時又對程朱理學

「存理滅欲」的禁欲主義觀點作了深入而尖銳的批判，可謂中國古代理欲之辨的全面總結。王夫之的理欲觀的具體內容和理論特質表現在：

首先，王夫之提出了「天理寓於人欲之中」的命題並對之作出了深入的論證。在王夫之看來，天理與人欲的關係是相互為用的，人欲是天理的基礎和寓所，天理是人欲的普遍化實現，故不能離開人欲來空談天理。每個人正當的欲望都獲得滿足，就是共同的天理，此即「人欲之各得，即天理之大同；天理之大同，無人欲之或異」。〔註1〕沒有什麼不同人欲相關或截然反人欲的天理，天理實質上是人欲的正當而合理的表現，離開人的欲望去尋求天理是「空諸所有」的異端邪說。王夫之指出：「凡諸聲色臭味，皆理之所顯。非理，則何以知其或公或私，或得或失？故夫子曰：『為國以禮』。禮者，天理之節文也。識得此理，則兵農禮樂無非天理流行處……倘須淨盡人欲，而後天理流行，則但帶兵農禮樂一切功利事，便於天理窒礙，叩其實際，豈非空諸所有之邪說乎？」〔註2〕如果認為只有絕對擯棄人欲而後才有天理，則諸如兵事、農業、典制、文化等一切帶有功利色彩的事情都被看作有礙天理流行，這實際上是「厭棄物則，而廢人之大倫」的「謬說淫詞」，於世事人倫毫無助益。王夫之十分耽心對人欲的輕視會導致對天理的輕視，「吾懼乎薄於欲者之亦薄於理，薄於以身受天下者之薄於以身任天下者」。〔註3〕世人常以薄欲者為君子，而王夫之則認為薄欲者未必都是君子，薄欲者往往是一些「薄於以身任天下」的人，君子以身任天下卻同時不棄物質生活享受。「聖人有欲，其欲即天之理。天無欲，其理即人之欲。學者有理有欲，理盡則合人之欲，欲推則合天之理。」〔註4〕是故不能離開人欲來談天理，「天理之節文，而必寓於人欲以見……故終不離人而別有天，終不離欲而別有理也。」〔註5〕

其次，王夫之闡發了「理欲合性」的思想，深刻揭示了天理與人欲兩大要素的有機統一即是完整的人性的道理。他說：「蓋性者，生之理也。均是人也，則此與生俱有之理，未嘗或異；故仁義禮智之理，下愚所不能滅，而聲

〔註1〕 王夫之：《讀四書大全說》上冊，北京：中華書局1975年版，第248頁。
〔註2〕 王夫之：《讀四書大全說》下冊，北京：中華書局1975年版，第371頁。
〔註3〕 王夫之：《詩廣傳・陳風一》，《船山全書》第3冊，長沙：嶽麓書社版，第374頁。
〔註4〕 王夫之：《讀四書大全說》上冊，北京：中華書局1975年版，第248頁。
〔註5〕 王夫之：《讀四書大全說》下冊，北京：中華書局1975年版，第519頁。

色臭味之欲，上智所不能廢，俱可謂之爲性。」〔註6〕不僅仁義禮智之理是人性的內容和表現，而且聲色臭味之欲也是人性的內容和表現，兩者都是正常而健康的人性所不可缺少的組成部分。「天以其陰陽五行之氣生人，理即寓焉而凝之爲性。故有聲色臭味以厚其生，有仁義禮智以正其德，莫非理之所宜。聲色臭味，順其道則與仁義禮智不相悖害，合兩者而互爲體也。」〔註7〕理欲結合而爲完整的人性，二者是一個統一的整體，這個整體即是人本身，人既有物質性的聲色臭味，也有精神性的仁義禮智，這兩者都服從並服務於人自身的生存與發展。物質性的聲色臭味和精神性的仁義禮智同時兼具天理人欲的基質。「如兵農禮樂，亦可天理，亦可人欲。春風沂水，亦可天理，亦可人欲。」〔註8〕天理、人欲的區別不在物質與精神的區分上，而在公私誠偽上。故王夫之說：「天理、人欲，只爭公私誠偽。」〔註9〕怎樣識別公私誠偽呢？關鍵看它們是否合乎正當。凡是合乎正當的即合乎天理，正當和天理實質上就是人欲的普遍化共同化實現。

再次，王夫之論述了理欲同行異情的狀況和特點，較爲深刻地闡發了二者的辯證統一。針對程朱理學割裂理欲關係主張存理滅欲的觀念，王夫之繼承並發展了胡五峰「天理人欲，同行異情」的思想，他說：「天理人欲同行異情。異情者異以變化之幾，同行者同於形色之實。」〔註10〕所謂理欲同行是指理欲同於形色之實，二者都必須依存於人的肉體存在。所謂理欲異情是說理欲異於變化之幾，二者在面對可欲之物時會作出不同的反映。大體而言，天理傾向於方正齊平，人欲傾向於擴充實現。基於理欲同行異情的分析，王夫之提出了「以理制欲」的觀點，主張使天理人欲各得其宜。「以理制欲者，天理即寓於人情之中。天理流行，而聲色貨利皆從之而正。」〔註11〕之所以要堅持以理制欲，就是因爲「無理則欲濫，無欲則理亦廢。」〔註12〕不以天

〔註6〕 王夫之：《張子正蒙注・誠明篇》，《船山全書》第 12 冊，長沙：嶽麓書社版，第 128 頁。

〔註7〕 王夫之：《張子正蒙注・誠明篇》，《船山全書》第 12 冊，長沙：嶽麓書社版，第 121 頁。

〔註8〕 王夫之：《讀四書大全說》下冊，北京：中華書局 1975 年版，第 371 頁。

〔註9〕 王夫之：《讀四書大全說》下冊，北京：中華書局 1975 年版，第 371 頁。

〔註10〕 王夫之：《周易外傳》卷一，北京：中華書局 1977 年版，第 15 頁。

〔註11〕 王夫之：《周易內傳》卷三下，《船山全書》第 1 冊，長沙：嶽麓書社版，第 355 頁。

〔註12〕 王夫之：《周易內傳》卷二下，《船山全書》第 1 冊，長沙：嶽麓書社版，第 255 頁。

理節制並指導人欲，人欲就會橫流而成爲災害，而完全禁絕人欲，又會使天理流行的基礎遭到損毀，最終使天理無法實現。因此，只有既肯定人欲的正當必要性同時又肯定天理對人欲的必要的指導與規約，才能使天理人欲各得其正。王夫之既反對「存天理，滅人欲」的禁欲主義，又反對「貪養不已，馳逐物欲」的縱欲主義，認爲從「形資養」的方面看，人確實不能沒有「物欲之需」，但人不同於動物之處在於人能夠講求物欲的節制和協調，能夠堅持道德的主體性，以天理主宰和指導人欲，做物欲的主人而不是物欲的奴隸。只有這樣，才能保持人對於他人的「怵惕惻隱之心」和主體自身的道德人格，更好地創造歷史和文化。否則，一味地貪圖物質享受，沉溺於物質享受之中而不能自拔，不僅「怵惕惻隱之心」盡失，而且人之所以爲人的一切「心之動幾」亦隨之全部喪失，人文化成的歷史文化世界亦將不復存在。王夫之指出：「是故天地之產皆有所用，飲食男女皆有所貞。君子敬天地之產而秩以其分，重飲食男女之辯而協以其安。苟食其魚，則以河魴爲美，亦惡得而弗河魴哉？苟娶其妻，則以齊姜爲正，亦惡得而弗齊姜哉？厚用天下而不失其淡，淡用天下而不歆其薄，爲君子者，無難無易，愼爲之而已矣。」〔註13〕有道德修養的仁人君子堅持的是理欲合一論，既重視人的飲食男女需要，又主張在滿足飲食男女需求的過程中做到適宜有度，不違反社會的道德規範。「耳目口體之各有所適而求得之者，所謂欲也；君子節之，衆人任之，任之而不知節，足以累德而損於物。雖然，其有所適而求得之量以任之而取足，則亦屬厭而止，而德不至於凶，物不蒙其害；君子節情正性之功，夫可概責之夫人也。」〔註14〕只有對耳目口體之欲實行必要的節制與引導，才能使其合乎天理人倫，從而不損物敗德。「節情正性」指主體在滿足自己的物質欲望時能夠有所節制和自我約束，亦即能夠以理導欲，實現物欲的道德化節制，從而使節制化的物欲成爲天理的化身或表徵。

　　總之，在理欲觀上，王夫之既對程朱理學的滅欲主義或禁欲主義作了深刻的揭露和批判，又對「貪養不已，馳逐物欲」的縱欲主義予以堅決的抨擊和抵制，價值趨向上贊同理欲合一和以理導欲，既主張珍重與滿足每一個社會成員尤其是下層百姓的合理欲望，又主張對人們的物質欲望給以必要的引導與價值提升。這種推崇「人欲之大公」和「天理之至正」的理欲合一和以

〔註13〕王夫之：《詩廣傳・陳風一》，《船山全書》第 3 冊，長沙：嶽麓書社版，第 374 頁。

〔註14〕王夫之：《讀通鑒論》卷三十，北京：中華書局 1975 年版，第 928 頁。

理導欲論，不僅有人性論的理論支撐，而且有道德論的人文關懷，爲建構一種充分社會化和理性化的消費倫理觀奠定了基礎。

二、儉奢合度的儉奢觀

王夫之的消費倫理思想從理欲觀出發較好地論述了儉奢觀問題，集中地探討了節儉與奢侈的關係，並對節儉和奢侈的內涵及各自的弊端作了頗富創發性的揭示，從而比較好地解決了既要肯定消費又要倡導節儉的矛盾。儉奢觀是中國古代經濟倫理思想的一個重要論題，涉及到對節儉和奢侈道德價值的認識及其評價。中國古代雖然也有反對節儉崇尚奢侈的個別言論，但占主導地位的是崇儉斥奢論。《左傳》有「儉，德之共也；侈，惡之大也」的說法，墨家特別推崇「節用」、「節葬」，道家老子視儉爲「三寶」。宋代司馬光在《訓儉示康》一文中寫道：「儉，德之共也；侈，惡之大也。共，同也，言有德者皆繇儉來也。儉則寡欲，君子寡欲，則不役於物，可以直道而行；小人寡欲，則能謹身、節用，遠罪、豐家。故曰：儉，德之共也。侈則多欲。君子多欲，則貪慕富貴枉道速禍；小人多欲，則多求妄用，敗家喪身。是以居官必賄，居鄉必盜。故曰：侈，惡之大也。」明代呂坤在《呻吟語・存心篇》中也說：「儉則約，約則百善俱興；侈則肆，肆則百惡俱縱。」王夫之對中國歷史上的崇儉斥奢傳統作了辯證性的批判繼承，並在此基礎上形成了自己的儉奢觀。

首先，從道德一般和個人持家理財的角度上，王夫之肯定了節儉作爲傳統美德的內在價值，認爲節儉的美德表現了人們對勞動成果和社會財富的珍惜與愛戴，是興家富國的重要精神能源。財富的創造離不開勤勞，財富的積纍離不開節儉，故中國民諺有「勤是搖錢樹，儉是聚寶盆」之說。王夫之指出：「夫儉與勤，於敬爲近，治道之美者也。」又說：「儉勤者，美行也。」〔註15〕否認勤勞儉樸的倫理價值，於家業的興旺、事業的發展乃至社會的進步都毫無助益。因此，人生和社會不僅需要用勤勞去創造財富，更需要用儉樸去積纍和節約財富。與儉樸相對立的是奢侈與浪費，而奢侈和浪費卻是不珍重勞動成果和社會財富的表現。因此，一般地說奢侈與浪費確實是一種敗德惡行。

〔註15〕王夫之：《宋論・眞宗六》，北京：中華書局 1964 年版，第 65 頁。

其次，王夫之意識到傳統的崇儉斥奢論主要是爲了適應生產不發達、物質匱乏社會狀態的需要，因而不可避免地具有自己的局限性，故主張超越傳統節儉觀的局限，肯定人們的合理消費，以促進生產的更大發展。他說：「儉之過也則吝，吝則動於利以不知厭足而必貪。」〔註 16〕過分的節制必然導致財富消費上的吝奢並使節儉的人變成守財奴，而大凡守財奴又總是與貪婪或貪得無厭相關。縱觀歷史，正是吝奢和貪婪促使許多達官貴人和豪民拼命聚斂財富，以致使大量社會財富集於少數人之手，而這少數人聚斂起來的鉅額財富往往又不是用於社會的擴大再生產，而是或藏之地下或揮霍浪費或張揚炫耀，使財富的社會價值不能充分地實現，導致廣大人民群眾正常消費無法得到滿足、社會矛盾惡化以致接竿而起、發動暴亂等惡果。王夫之滿含激憤的心情寫道：「夫財之所大患者，聚耳。天子聚之於上，百官聚之於下，豪民聚之於野。聚之之實，斂人有用之金粟，置之無用之窖藏。聚之之心，物處於有餘而恒見其不足。聚之之弊，輦之以入者不知止，而竊之以出者無所稽。聚之之變，以吝陋激其子孫，而使席豐盈以益爲奢侈。聚之之法，掊克之僉人日進其術，而蹈刑之窮民日極於死。於是而八口無宿舂，而民多捐瘠。〔註 17〕天子、百官、豪民們以「勤儉」爲名拼命聚斂財富，並將聚斂來的財富或藏於府庫或埋於地下，使得「民多捐瘠」，家無隔夜之糧而「日極於死」。這些權貴富豪們因儉而吝，以至「與耳目口體爭銖兩以怨咨」，陋儒們還爲他們的「勤儉」行爲保護，真是可惡！在王夫之看來，財富積聚到少數人手中而不能發揮正當的作用，是社會的最大隱患和禍害。要避免「金死於藏，粟腐於庾」的狀況，就必須鼓勵正當而合理的消費，使人們從那種近乎守財奴的所謂節儉觀中走出來。王夫之意識到，即便是取之於民的官府收入，除了公共事業的用途以外，還可以通過社會消費來還之於民。因此，他對傳統的崇儉斥奢論作出了自己的解釋，他說：「子曰：奢則不孫。惡其不孫，非惡其不奢也。傳曰：儉，德之共也。儉以恭己，非儉以守財也。不節不宣，侈多藏以取利，不儉莫大於是。」〔註 18〕在此，王夫之把傳統的提倡節儉反對奢侈的觀念改造成爲反對吝奢、反對儉以守財、反對侈多藏以取利的觀念，提倡正當而合理的消費，以利人們的生活和社會的經濟發展。

〔註 16〕 王夫之：《宋論‧眞宗六》，北京：中華書局 1964 年版，第 65 頁。

〔註 17〕 王夫之：《宋論‧眞宗六》，北京：中華書局 1964 年版，第 66～67 頁。

〔註 18〕 王夫之：《宋論‧眞宗六》，北京：中華書局 1964 年版，第 67 頁。

再次，王夫之比較了儉與奢的利害關係，認爲「奢、儉俱失中，而奢之害大。」他說：「今夫人之欲奢也，但以侈一時之觀美，則不期乎僭竊而犯分也。然苟欲奢焉，則理所不可，而可以美觀，亦無不可爲焉，將蔑上下之等威而不孫矣。若夫人之尚儉者，但以惜物力之可繼，初不期爲執己而拒物也。然但欲儉焉，則雖情所必通，而有所甚惜，亦不暇顧焉，將專一己之私而固執矣。夫奢者自以爲能通乎情，儉者自以爲不逾乎理，其自以爲得者，皆不足論。乃即其弊而思之：不孫則干名犯分，而人道之大經以亂；固雖於物無能達情，而不至爲大分大倫之害。則與其不孫也，無寧固乎！不孫寧固，則與其奢也無寧儉也，明矣。」〔註 19〕王夫之總體上認爲節儉和奢侈二者各有自己的偏弊之處，本質上都不是一種至善無惡的達道明德，但就二者的弊害程度而言，毋寧應該說奢侈遠高於節儉。因爲奢侈的人往往以揮霍浪費來博取他人的贊同，圖的是「一時之觀美」，而且總是超越其支付能力和社會的道德標準，故常常幹出犯分亂理、傷風敗俗的事情來，其危害豈不大哉！節儉的人雖然有過分惜財之弊，但對於大分大倫則無甚傷害。故「君子之所甚惡者在奢而不在儉。」〔註20〕有道德的人最反感和嫌憎的是奢侈而不是節儉。

王夫之的儉奢觀既一般性地肯定了勤勞儉樸的道德價值，又指出了過分節儉可能帶來的弊端，既倡導正當而合理的消費，又反對奢侈浪費，並且對社會上層階級奢侈浪費和假儉樸眞聚斂的行爲給予了深刻的揭露和批判，充滿著民本主義和啓蒙主義的因素，不失爲明清之際的清醇之音。

三、均齊方正的絜矩之道

王夫之消費倫理思想從理欲觀出發通過儉奢觀的分析所要得出的消費倫理模式或價值類型正是他在倫理生活領域致力宣揚的「絜矩之道」。

在王夫之看來，「物之不齊而各有所應得者，猶之矩也；君子察乎理而審乎情，以各與所應得者，此心之絜度也。是以君子有絜矩之道，而國可治，天下亦可平矣。」那麼，什麼是絜矩之道呢？「夫所謂絜矩之道者何也？物之有上下四旁，，而欲使之均齊方正，則工以矩絜之。君子之應天下者，亦

〔註19〕王夫之：《四書訓義》卷十一，《船山全書》第 7 冊，長沙：嶽麓書社版，第522 頁。

〔註20〕王夫之：《四書訓義》卷十一，《船山全書》第 7 冊，長沙：嶽麓書社版，第522 頁。

有然者。」〔註 21〕接著他以處理人際關係的上下、前後、左右等關係類型為例來闡述絜矩之道，重在揭示絜矩之道其瞻前顧後、推己及人、互相兼顧的效能和特點。「有位吾上者，無禮於我，我所惡也，則以此絜之，知在下者之不必欲也，毋以使下，而臨之必以禮焉。有位吾下者，不忠於我，我所惡也，則以此絜之，知在吾上者之必不欲也，毋以事上，而奉之必以忠焉。乘時而在吾前者，貽不善以待我，我所惡也，則以此絜之，知繼吾後者之必然，而毋留不足以倡先之焉。繼起而在吾後者，操異志以毀我，我所惡也，則以此絜之，知居吾前者之必然，而毋矯前爲以率從之焉。與我並列，勢較便而在吾右者，奪我以自爲，我所惡也，則以此絜之，而知吾之交於左毋若此，而左得以行其志焉。位稍遜而在吾左者，持我之所爲，我所惡也，則以此絜之，而知吾之交於右若此，而右得以盡其能焉。夫上下異分，事使異道，前後異時，先後異用，左右異職，所交異宜，而以此絜彼，則理有必同，而所以絜之者唯此一心，絜之一國而矩在焉，絜之天下而矩在焉，以治以平，夫豈有不相因而並得乎？然則能絜與不能絜，豈非人情得失之樞乎？」〔註 22〕絜矩之道起作用的內在機理在於天地萬物和人情好惡互有差異的背後自有其相通相貫之理，故人能夠以其協調各方面的關係，使之在存異的基礎上實現求同，進而使天地萬物和人情好惡各得其宜。絜矩之道之矩是指客觀外在的必然性和規律，之絜是指主體力求按照客觀必然性和規律行爲，使主觀與客觀相符合，二者的關係類似道與義或公道與正義的關係。人類的倫理生活並不因爲存在客觀的道德規律人們就會自然而然地講求道德，道德既需要規律去規範，也需要德性去啓動。公道的存在還需要人們以正義的德操和品性去促使其實現。

絜矩之道要求以民欲爲天理，並在此基礎上實現對民欲的道德化尊重。尊重人民的欲望含有使絕大多數人的欲望各得其私而不相侵害的意蘊，它要求去惡全好和實現共欲。王夫之指出：「夫絜之以矩而去所惡矣，去所惡，則必全所好矣。故能絜矩者，能公好惡者也，好惡公，則民情以得。」〔註 23〕

〔註21〕王夫之：《四書訓義》卷一，《船山全書》第七冊，長沙：嶽麓書社版，第 88 頁。

〔註22〕王夫之：《四書訓義》卷一，《船山全書》第七冊，長沙：嶽麓書社版，第 88 ～89 頁。

〔註23〕王夫之：《四書訓義》卷一，《船山全書》第七冊，長沙：嶽麓書社版，第 89 頁。

「公好惡」，實質是要實現好惡的普遍化，使每一個人的好惡與他人的好惡都能實現共處而不相妨礙，實現個人利益與他人利益的辯證結合。它與那種個人欲望的滿足建立在他人欲望不得滿足基礎上的欲望對抗是不可同日而語的。王夫之消費倫理思想的一個顯著特點是他始終關心著整個社會各個階層人士正當欲望的滿足，注重個人的消費應建立在不損害他人和社會消費的理性基礎之上。爲此，他不僅強調人欲之大公和「公好惡」，更主張爲政者應體恤民之疾苦，積極主動地爲民興利，因民之所利而利之，做人民的好父母官。「夫何以言乎爲民之父母也？民有所欲得者焉，有所欲用者焉，皆其好也，君子絜之以心，而知其爲民之公好，則心亦欣然而爲民行之；有所欲失者焉，有所欲舍者焉，皆其惡也。君子絜之以心，而知其爲民之公惡，則心亦拂然而爲民去之。則是民之情喻乎君子，而君子之情唯念夫民，此乃可生育其民而民所敬愛者也，斯謂之民之父母矣。夫民以父母戴之，而得民之效可知矣。」〔註24〕說到底，爲民之父母就需要爲政者時刻以絜矩之道律己，始終爲人民的利益著想，把人民的冷暖溫飽放在心頭，一切以人民的好惡爲好惡，想方設法去滿足人民正當而合理的生活需要。「絜矩而民情以親，不絜矩而民情以叛，民心之合離，而國勢之興亡繫焉。……道絜矩而人情得，則保有天位而得國焉。不慎乎絜矩而人情失，則大業旋傾而失國焉。得失之樞，因乎民情，斯不可以見心理之同然者爲不可誣乎！」〔註25〕用絜矩之道來治民自會得到人民的擁護與愛戴，進而使天下達到大治；不以絜矩之道來治民自然使民怨沸騰，進而產生叛離，造成天下大亂。

　　絜矩之道的貫徹與實施必然要求「均齊方正，厚薄必出於一，輕重各如其等」〔註26〕，因此它在原則上必然崇尚公平正義，訴諸一視同仁，堅持標準的同一性，主張超越世俗的親疏尊卑界限，也不因人際關係的厚薄而妨礙正當的對待，不因利害關係的輕重而失去應有的態度。它要求在道德面前人人平等的基礎上公平合理地分配人們之間的利益財富，既保護鰥寡孤獨廢疾者的合法權益，又不傷害人們勤勞致富的積極性，在消費上也是如此。「君子只於天理人情上絜著個均平方正之矩，使一國率而繇之。則好民之所好，民

〔註24〕王夫之：《四書訓義》卷一，《船山全書》第七冊，長沙：嶽麓書社版，第89頁。

〔註25〕王夫之：《四書訓義》卷一，《船山全書》第七冊，長沙：嶽麓書社版，第90頁。

〔註26〕王夫之：《讀四書大全說》上冊，北京：中華書局1975年版，第44頁。

即有不好者，要非其所不可好也；惡民之所惡，民即有不惡者，要非其所不當惡也。」〔註27〕絜矩之道本質上以好民之所好、惡民之所惡爲好惡。如果在絜矩之道實施過程中民還有不能實現的好惡，那就意味著不是絜矩之道出現了問題，而是人民的某些好惡出現了問題，亦即成了不應當有的好惡。而這樣一些好惡恰恰是需要抑制或驅除的。「好民之所好，惡民之所惡」的「絜矩之道」落實到消費生活領域必然要求實施正當而合理的消費，其底線是個人的消費行爲不應當損害或侵害他人和社會的正當利益，體現「無害」的原則和精神；其上線則是與民同好惡，用自己的消費行爲促進他人利益和社會利益的最大化實現，體現「有益」的原則和精神。

王夫之的消費倫理思想以理欲合性的理欲觀爲其立論的基礎，以對儉奢問題的辯證分析爲重心，以「好民之所好、惡民之所惡」的「絜矩之道」爲旨歸，既肯定天理寓於人欲之中，又強調天理對人欲的指導與規約，既一般地肯定節儉之爲傳統美德的價值，又主張克服過分節儉的種種弊端，既反對奢侈浪費，又提倡正當而適度的消費，既主張尊重消費的客觀規律，又主張實現消費的目的價值，把必然之理與應然之義結合起來，基本上建構起了一個既繼承以往又正視現在且面向未來的消費倫理的價值模式。這一價值模式充分吸收並發展了古代的民本主義思想，體現了對人民群眾生存權益和消費需求的人文關切和道德關懷，同時又批判了封建時代正統思想宋明理學的消費倫理觀，對其禁欲主義的消費倫理取向作了尖刻的抨擊，大膽地肯定了個人欲望個人需要的合理性，並以此來闡釋、論說天理和「絜矩之道」，發出了早期啓蒙主義的最強音。而今，當我們身處既要艱苦奮鬥勤儉節約又要改善生活合理消費的當代社會，批判地繼承王夫之消費倫理思想的合理因素，對於我們建設高度的社會主義精神文明和消費倫理，建構融民族倫理精神於時代倫理精神之中的消費倫理思想，無疑具有重大而深刻的理論意義和現實意義。

〔註27〕王夫之：《讀四書大全說》上冊，北京：中華書局1975年版，第45～46頁。

第五章　王夫之的誠明合一論

　　「誠明合一」是《中庸》的一個基本思想。《中庸》對其作出了一般的規定和界說。但究竟如何深入地理解這一思想，並將其作創造性的發展，則成爲宋以後諸多大儒關心和思考的問題。作爲明清之際「坐集千古之智」的思想巨人，王夫之在對《四書》予以特殊關照的同時，結合當時的歷史和文化情勢以及自己對古代倫理文化的獨特理解，對此作出了既繼承傳統又超越創新的闡釋，從而使這一古老的命題和觀點有了趨時更新的義蘊和機理，呈現出「舊題新命」的特質。

一、《中庸》及宋明諸儒關於誠明合一的論述

　　「誠明合一」的說法源於《中庸》。《中庸》論「誠」，與孟子如出一轍，但相比之下，《中庸》顯得更爲詳盡、豐富和深刻。「誠」是《中庸》裏的一個重要範疇，它借助於「誠之者」或「明」的概念而獲得自身的表現。《中庸》認爲，「誠」與「明」相對而言，可互爲因果，所以有「自誠明」和「自明誠」的說法。所謂「自誠明」，是由誠而明善，是天賦的本性，只有聖人才能達到；所謂「自明誠」，是由「明乎善」而達到誠，這是對賢人和君子而言的，只有通過後天的教育感化才能實現。「自誠明，謂之性」。《中庸》認爲，由誠而明善，這是天性或者說先天的道德自覺性，是本性自我認識的天賦能力。所以說，「唯天下至誠，爲能盡其性。」而在一般人那裏，「誠」雖然是人之本性所固有的，但必須借助「明乎善」的行爲而獲得，這叫做「自明誠，謂之教」。《中庸》認爲「誠」的境界是由後天學問思辨而達到的，所以說：「誠之者，人之道也」，「誠之者，擇善而固執之者也」。《中庸》極其重視常人的理性自

覺，即通過選擇善德而從之，以及後天的道德學問，而達到理性自覺的實現。如果說，「自誠明」是聖人境界，《中庸》稱之謂「尊德性」，那麼「自明誠」則是賢人境界，《中庸》稱之謂「道問學」。這是達到「誠」即道德自覺極境的兩條途徑。這二者同時又是可以統一的，《中庸》提出「誠則明矣，明則誠矣」的誠明合一思想。

《中庸》在漢代已有單獨傳本。《漢書·藝文志》中有《中庸說》二篇的記載，後又有戴顒的《中庸說》，梁武帝的《中庸講疏》等。但是《中庸》真正得到重視，是到了唐代中後期。陸贄爲了勸唐德宗以誠信對待臣下，開始援引《中庸》對至誠的論述。歐陽詹著有《自明誠論》，專門讚頌《中庸》的明誠思想。韓愈參加省試，著《顏子不貳過論》，認爲聖人是「抱誠明之正性，根《中庸》之正德」。並援引《中庸》關於明誠的論述，把顏回視爲「擇乎中庸，得一善而拳拳服膺而不失」的賢者。李翱推崇《中庸》，他在《復性書》中引用《中庸》的思想，並作了比較好的發揮。北宋初年的周敦頤開理學風氣之先，對《中庸》的思想作了比較深入的開掘，形成了以誠爲本的理學思想體系。周敦頤的《通書》著力解決的是作爲天之道的誠是怎樣支配宇宙萬有的？誠是怎樣使天人相通的？《通書》首章即說：「誠者，聖人之本。大哉乾元，萬物資始，誠之源也。乾道變化，各正性命，誠斯立焉，純粹至善者也。」周敦頤不僅把誠作爲萬物的本體，與天等同起來，認爲萬物從天那裏獲得「誠之源」，而且賦予作爲天道的誠以道德意義，賦予作爲人道的誠以宇宙本體的意義，真正實現了本體論與道德論的統一，爲儒家倫理提供了一個本體論或形上學的基礎。他從「乾元」是「誠之源」出發，導出「誠」是人所受於天的本然之性，進而推出「誠」是一切道德的本原。這樣，背離了「誠」，不僅意味著違背了人性，而且意味著悖逆了天道。周敦頤還說：「聖，誠而已矣。誠，五常之本，百行之源也。靜無而動有，至正而明達也。五常百行，非誠，非也，邪暗，塞也。故誠則無事矣。」〔註1〕「誠」既然是受之於天之性，因此所謂「聖」只不過是「誠而已矣」。這種「誠」，乃是構成仁義禮智信五常之本，是孝悌忠順等「百行之源」。這種「誠」，靜時無形，運動時則完備地表現出來，即能「至正而明達」。「五常百行」假若離開了「誠」，就要走入邪路，只有堅持「誠」才能使天下太平。

張載對《中庸》的誠明學說也有特別的研究，並把「自誠明」與「自明

〔註1〕周敦頤：《通書·誠下》，《周敦頤集》，北京：中華書局1990年版，第15頁。

誠」區分開來，認為這是兩條不同的修養路徑。他說：「須知自誠明與自明誠者有異。自誠明者，先盡性以至於窮理也，謂先自其性理會來，以至窮理；自明誠者，先窮理以至於盡性也，謂先從學問理會，以達於天性也。」〔註2〕「自誠明」，即從誠心開始，達到「盡性」，著重點在內心的「悟」。由於「性與天道合」，所以「盡性」也就等於明瞭天理。「自明誠」，即是從窮理出發而走向誠心誠意，著重點在外的「學」。在分辨了「自誠明」和「自明誠」的差異後，張載提出了「合內外之道」的理論，主張把「誠意」與「行禮」、「虛心」與「集義」等有機地統一起來。「誠意而不以禮則無微，蓋誠非禮無以見也。誠意與行禮無有先後，須兼修之。」又說：「修持之道，既須虛心，又須得禮，內外發明，此合內外之道也。」〔註3〕內外兼修，即是說人們在進行道德修養時既要注意內心修養，即所謂「誠意」、「虛心」，又要注意外在行為的約束，即所謂「行禮」、「集義」。二程認為，《中庸》的基本內容講的是「誠」或者說「理」，世間萬事萬物都包攝在「誠」中，六合的廣大，道心的精微無不體現在「誠」中。是故二程特別主張貴誠，指出：「學者不可以不誠。不誠無以為善，不誠無以為君子。修學不以誠，則學雜；為事不以誠，則事敗；自謀不以誠，則是欺其心而自棄其忠；與人不以誠，則是喪其德而增人之怨。」〔註4〕朱熹繼承了二程的思想，認為誠是《中庸》一書的樞紐和關鍵，《中庸》是專言誠的。為了深入地闡釋誠的思想，《中庸》緊密聯繫天道與人道和性、教關係來論誠，並在此基礎上得出了「誠明合一」的結論。在解釋「自誠明，謂之性。自明誠，謂之教。誠則明矣，明則誠矣」一段時，朱熹指出：「自，繇也。德無不實而明無不照者，聖人之。所性而有者也，天道也。先明乎善，而後能實其善者，賢人之學。由教而入者也，人道也。誠則無不明矣，明則可以至於誠矣。」〔註5〕這裏朱熹把由誠實而至的明曉視為性與天道，並賦予其聖人之德的含義，把由明曉而至的誠實視為修道的過程，賦予其賢人之學的意義。這既把誠明的理解同天道與人道聯繫起來，又把誠明的理解同性、道、教和聖人之德、賢人之學聯繫起來，並在這種「分殊」的基礎上引向「理

〔註2〕　張載：《張子語錄》下，《張載集》，北京：中華書局 1978 年版，第 330 頁。

〔註3〕　張載：《經學理窟・氣質》，《張載集》，北京：中華書局 1978 年版，第 270 頁。

〔註4〕　二程：《程氏兄弟遺書》卷二十五，《二程集》上，北京：中華書局 2004 年版，第 326 頁。

〔註5〕　朱熹：《四書集注・中庸章句》，《四書章句集注》，北京：中華書局 1983 年版，第 32 頁。

一」的目標，說明了朱熹解釋「誠明合一」說的理學情懷和聖賢氣象。朱熹解釋的「誠明合一」是在追求目標和終極價值上的合一，而不是在誠明各自特質上的混同，不是誠明本身毫無差別的同一。

朱熹之後，宋代的眞德秀、張九成、黎立武，元代的胡炳文、景星、張存中、詹道傳、許謙，明代的胡廣、夏良勝、廖紀等人也對《中庸》的「誠明合一」說作出了自己的論述，從而使「誠明合一」說日益深入人心，成爲儒家倫理中的重要命題和觀點。

二、王夫之對《中庸》誠明合一思想的發展

王夫之的「誠明合一」論既繼承了宋明諸儒思想的有益成果，又對其作了創造性的發展。首先，王夫之繼承了宋明諸儒以聖賢來論誠明的統序，並對其作了全面的闡釋與論證，體現了對理學倫理思想的深刻而系統的總結。在《四書訓義・中庸三》解釋《中庸》第二十一章「誠明合一」時，王夫之說道：「誠者天之道，而聖人不思不勉而中道，則亦曰誠者，是聖人與天而通理也。誠之者人之道，而擇善固執則誠乎其身，是賢人與聖同德也。」〔註6〕又說：「自明誠者，賢人之事，而與聖同德。」誠是天理本然之性的集中體現，其本質的內容和特徵是眞實無妄。聖人的德性渾然都是天理，無不合乎天道。然而，未至於聖的賢人君子在原初點上並非都是眞實無妄的，這就需要他們去效法天道，學習天道的眞誠，擇善而從，以形成自己的人道，這樣他們雖然未能不思而得，未能不勉而中，也因爲擇善固執自可體驗和擁有眞誠，與天配德。聖人是天然地因眞誠而明乎善良之德，他們的誠明合一是如始如終、貫徹始終，因而他們的誠明合一是粹然而善的至善，是道德的極至。賢人和君子的誠明合一是因爲修道的緣故，是因爲學習天道和擇善固執的行爲踐履所達致的結果，是通過明善的過程而達到對誠的把有和體驗。與宋明諸儒以聖人言天道的觀點有別的是，王夫之認爲，「聖人可以言誠者，而不可以言天道。」爲什麼說聖人不可以言天道呢？這並不是說聖人之不能盡天道和與天道合一，而是因爲「天道之不盡於聖人也。」〔註7〕「其然，則此一誠無妄之理，在聖人形器之中，與其在天而爲化育者無殊。表裏融徹，

〔註6〕 王夫之：《四書訓義》卷四，《船山全書》第7冊，長沙：嶽麓書社版，第187頁。

〔註7〕 王夫之：《讀四書大全說》上冊，北京：中華書局1975年版，第141頁。

形色皆性，斯亦與天道同名爲誠者，而要在聖人則終爲人道之極致。」〔註8〕
聖人確實達到了天道意義上的誠，他可以不學慮而有知能，可以從容地力行
中庸之道而無甚妨礙，其心意無論如何運用都不會有不誠的問題，因此完全
可以與天道同名之爲誠，但是聖人畢竟不同於天道，不具有天道意義上的化
育萬物和宰制萬物的效能與作用。就此而言，聖人的誠也具有效法天道和同
於天道的人道含義，只不過他達到了人道的極致，與一般意義上的人道有一
定的落差。一般意義上的人道常常是不完滿和盡善的，這就決定了任何人都
有一個向天道學習並因效法天道而達到與天地參即獲得誠的過程。在王夫之
看來，在人之天道所發見的諸如「不思而得」、「不勉而中」等誠之德性中，
並不只是聖人「之所獨得」，而像君子之所具有的「擇善固執」等人道品質
中，也並不是「聖人之所不用」，「所以然者，則以聖人之德合乎天道，而君
子之學依乎聖功也。」〔註9〕《中庸》二十章以後的十三章談的都是「聖合
天，賢合聖，天人一理，聖賢一致」的問題。如果認爲「不思而得」、「不勉
而中」等誠之德性只是聖人所獨有的德性和資質，那就沒有理解天道的廣大
普博，因此也是違背天道之無私的品性的。如果認爲「擇善固執」等人道品
質是爲「聖人之所不用」，那就否定了人道效法天道進而與天合一的可能。
王夫之指出：「且所謂聖人者，堯、舜、文王、孔子而已矣。堯舜之惟精，
擇善也；惟一，固執也；問察，擇善也；用中，固執也。文王之輯熙，擇善
也；不回，固執也。孔子之學而不厭，擇善也；默而識之，固執也。」〔註
10〕因此，推高聖人而貶低賢人、君子，並不是《中庸》的本意。王夫之的
意思是既不貶低聖人，也不能將聖人與賢人、君子完全地分離開來，將其視
作天道的整全。聖人也還有一個不斷地、整全地去體認天道的問題。「聖人
不廢擇執，唯聖人而後能盡人道。若天道之誠，則聖人固有所不能，而夫婦
之愚不肖可以與知與能者也。聖人體天道之誠，合天，而要不可謂之天道。
君子凝聖人之道，盡人，而要不可曰聖人。然盡人，則德幾聖矣；合天，則
道皆天矣。」（同上）王夫之的這種見解既強調了匹夫匹婦及愚不肖從事道
德修養的可能，又肯定了聖人的道德已達到了人道的極致，同時又指出聖人
的道德雖然達到了人道的極致，但並非等同於天道之誠，因此即便是聖人也

〔註 8〕王夫之：《讀四書大全說》上冊，北京：中華書局 1975 年版，第 141 頁。
〔註 9〕王夫之：《讀四書大全說》上冊，北京：中華書局 1975 年版，第 142 頁。
〔註10〕王夫之：《讀四書大全說》上冊，北京：中華書局 1975 年版，第 142 頁。

還有至善更至善的問題。王夫之既設立了一個終極的價值目標供人們趨赴，又在通向終極價值目標的過程中設計了若干具體可行的分目標，激勵著人們由常人而君子而賢人而聖人的不斷修爲和攀越，將理想人格與道德修養、道德評價有機地結合起來。

其次，王夫之繼承了宋明諸儒以性、教的範疇來論誠明的傳統，並在論證的過程中闡發了自己對誠明合一的深刻理解，昭示出走向近代的啓蒙因素。「自誠明，謂之性」是說由誠而明的過程本質上是性的展示，擁有眞誠之性的聖人自然能明，自然懂得天地萬物的內在道理，這種明是根源於誠並從誠中產生出來的，因此明在誠之內。「自明誠，謂之教」是說由明而誠的過程本質上是教的確證，具有窮理潛質和認識能力的賢人君子通過效法聖人、學習天道也能達到眞誠，這種誠是由明而至，因此明在誠之外。「自誠明」說的是聖人有眞實之德而明乎善的問題，彰顯的是性，「故聖人有其誠而必有其明，聖人之所以盡性而合天者，故其自然之發見」。〔註11〕「自明誠」說的是賢人君子由明善而至乎誠的問題，突出的是教，「賢人之學自明而誠，而其能然者，惟聖人之教」。〔註12〕賢人君子在「明聖人之所明」的基礎上也能達到「誠聖人之所誠」的目標。王夫之指出：「夫性則何如也？惟天實有此健順五常之理以命之人，故人得有其虛靈不昧者而知此理焉。實有之而實知之，此性之固然者也，天道也。而聖人之全體能備乎天所命之德，智則誠智，仁則誠仁，勇則誠勇，因是而有諸己者，條理秩序皆其所自喻，則與天命同其昭明，純乎性矣。故謂聖人所性而安焉者也。」〔註13〕性是天以其健順五常之理賦予人的產物，體現著天命人受的色彩，從其發生論的意義上講有其純誠的意蘊，尤其聖人能夠使自己的全部身心充溢天命之德，使自己的智慧、仁愛和勇敢諸品德都能達到完美無缺的地步，顯現出天性的純良和眞誠。「夫教何以立也？惟人能以虛靈不昧之知以察乎理，故得以發之爲禮樂刑政，而盡乎健順五常之實焉。既知之而後能體之，此教之所自成也。而賢人之修道，能擇乎善之精，知智之所當知，知仁之所當仁，知勇之所當彊，因是而審其宜者，存中發外，皆眞實而無妄，則由聖教啓其實，修道在教矣。故謂賢人

〔註11〕王夫之：《讀四書大全説》上冊，北京：中華書局1975年版，第149頁。
〔註12〕王夫之：《讀四書大全説》上冊，北京：中華書局1975年版，第148頁。
〔註13〕王夫之：《四書訓義》卷四，《船山全書》第7冊，長沙：嶽麓書社版，第187頁。

由教而入者也。」〔註14〕教是人們以虛靈不昧之心以察乎理的產物，體現著人盡性、知天的功能效用，從其本質上講是對天道之誠的一種學習、傚仿和實踐。賢人君子修道而立其誠，離不開教育的作用和影響，而修道本身恰恰是教育的重心和本質所在，故《中庸》有「修道之謂教」的說法。關於性、道、教的關係和界說，王夫之認爲，性受之於天，是天命的產物；道出於人之性，是率性的產物；教源於道，是修道的產物。就性與天的關係而言，是性出於天。「性何所自受乎？則受之於天也。」天以其眞實無妄之理爲陰陽五行而化生萬物與人類，並使萬物與人類各有自己的性命，這種性命就是天在生人生物過程中所昭示出來的理在人物身上的凝結，是隨著形體的生成而所具有的，人是天所創化的最精華的動物，得其秀而最靈，可謂宇宙的精華，萬物的靈長，人有其耳目則有其聰明，有其心思則有其智睿，人憑著自己的聰明睿智可以把握和體認天命，形成自己的人道。「是人道者，即天分其一眞實無妄之天道以授之，而成乎所生之性者也，天命之謂性也。由此言之，則性出於天。人無不生於天，則性與生俱生，而有一日之生，則一日之性存焉，人固宜法天以建極矣。於是而有道焉，則率循此性之謂也。」〔註15〕人率其天所賦予的陰之至順就可以形成能知之道，率其天所賦予的陽之至健就可以形成能行之道，率其五行之理各盡其能者就可以形成仁義禮智信之道。「由此言之，則道因乎性。人莫不有其性，而性本具道，則道之所從立，即性之所自顯焉，道固本性而不可違矣。」〔註16〕遵從道需要也離不開教化，教化的本義即是修明此道。人既生以後，面臨著一個全新而未知的世界，這就需要人們不斷地認識，發揚窮理盡性的工夫，去體天恤道，以不悖乎天之理，以不失其性之常，盡顯人之爲人的潛質和特性。「由此言之，則教以修道，人莫不當盡其道，而道著爲教，則道有不可廢，即教有所必盡焉。教固本於天，具於性，而爲道之所宜盡其修者也。知此而君子體道之功可知矣。」〔註17〕

〔註14〕王夫之：《四書訓義》卷四，《船山全書》第7冊，長沙：嶽麓書社版，第188頁。
〔註15〕王夫之：《四書訓義》卷二，《船山全書》第7冊，長沙：嶽麓書社版，第105頁。
〔註16〕王夫之：《四書訓義》卷二，《船山全書》第7冊，長沙：嶽麓書社版，第105頁。
〔註17〕王夫之：《四書訓義》卷二，《船山全書》第7冊，長沙：嶽麓書社版，第105頁。

賢人君子所當修的道，恰恰是人性所必率的道。修道最基本的要求是明道，通過明道就可以知性而知天，進而使自己具有天道所具有的真誠之德，這就是「自明誠」的路徑。

再次，王夫之繼承了宋明諸儒以「尊德性」與「道問學」等範疇來論誠明的思想精華，並對其作了創造性的轉化，使「尊德性」與「道問學」之間的聯繫更加緊密，初步建構了一個德智合一的倫理價值系統。王夫之指出：「君子以至道之必待至德以凝也，故道之所至，德必至焉，而修其德以極其至者，皆一如其道之量。吾之有性，受之於天，而為萬物資始之理者也。以承夫天，尊莫尚矣；以統乎物，尊莫尚矣。故其存此德性於心者，不敢自安近小，而以盡天之命，受萬物之全。吾之有學，以審大經，而不遺乎事理之微者也。欲循其常，則必道焉；欲通其變，則必道焉。故以其學問致其知者，不得任意營為，而必遵古之所制，酌今之所宜。尊德性焉，而洋洋者得其體於心也；道問學焉，而優優者得其用於心也：無不與聖人之道而相符也。」〔註18〕接著王夫之從「致廣大」與「盡精微」、「極高明」與「道中庸」、「溫故」與「知新」、「敦厚」與「崇禮」等方面比較深入地探討了「尊德性」與「道問學」之間的聯繫和區別。在王夫之看來，「尊德性」意味著人性的修煉應當建立在「擴同善之量，以盡去其私」的基礎上，這就要求人們應當「致廣大」；同時「尊德性」意味著人性的修煉應當以「達光昭之志，而盡去其欲」為前提，這就要求人們應當「極高明」；除此之外，「尊德性」要求人們不斷地「涵泳其已知而不昧」，這又帶有「溫故」的意蘊；要求人們不斷地「敦篤其已能者而弗替」，這又兼著「敦厚」的色彩。「道問學」意味著人性的修煉應當建立在「格物」、「窮理」的基礎之上，應當盡物理之宜，「不可使有疑似合離之紊」，這就要求「盡精微」；應當使自己行為的準則「洽合乎天則」，「不可使有太過不及之或差」，這就要求「道中庸」；同時，「道問學」還意味著人們應當「因時而有斟酌」，每天都要對未知的世界有所認識和瞭解，並盡量使自己的認識能力不斷提升和擴大，這就要求「知新」；此外，「道問學」還要求人們「以禮儀、威儀之品節，愈進而益見其尊嚴，必日謹其所未謹」，這就意味著它應當「崇禮」。總之，「尊德性」要求人們以去私欲之蔽的方式去培養自己的聰明強固之知能，去存吾心之全體，這樣就會使德性得到尊重，性體得到強固，

〔註18〕王夫之：《四書訓義》卷四，《船山全書》第 7 冊，長沙：嶽麓書社版，第 209 頁。

此即是「自誠明」。「道問學」要求人們以其明理制事的方式，「極吾進德修業之全功，致吾知之大用」，此即是「自明誠」。如果說，聖人是由尊德性出發而走向道問學的，尊德性成爲道問學的基礎，道問學是尊德性的展開和體現，那麼賢人和君子則是由道問學而走向尊德性的，他們的尊德性建立在道問學的基礎之上，道問學的目的是爲了尊德性。這是王夫之的誠明合一說必然要得出的結論。

最後，王夫之在對「自誠明」和「自明誠」各自特殊性揭示的基礎上闡發了二者結合的必要性，大大發展了宋明諸儒的「誠明合一」的思想，使傳統的「誠明合一論」發展到它的高峰階段。王夫之指出：「天以其誠而命乎人，故誠者爲天之道；人能誠身以合乎天，故誠之者爲人之道。……就自明誠者之至德言之，而其體乎聖人之天道與天地同德者可知矣。夫自明而誠，其明也，則君子之功也，而誠也，則聖人之道也。自明誠者與聖人合德，則所體者一皆聖人之道矣。」〔註19〕「自明誠」者與聖人合德意味著人們只要善於學習和效法天道，是可以達到聖人一樣的境界的，進而擁有天道意義上的眞誠，此即是「明則誠矣」。不特「自明誠」可以通達聖人境界，進而與天合德，「自誠明」的聖人境界也有一個爲賢人君子所效法亦即上學而下達的問題。「聖人自誠而明，而道以昭垂於萬世，必其人自明而誠，而後能效法於聖人。」假若「自誠明」的聖人境界不能爲賢人君子所效法，那就不能發揮它眞正的啓示教化作用，因此這種意義上的聖人境界還不是眞正意義上的聖人境界，或者說不是聖人境界的境界。聖人的境界是博厚、高明、悠久、廣大的。「物莫不載於地，地所以載之者博厚也，而至誠之博厚偏濟群生，皆使之安處而自遂，則所以載物者宏矣。物莫不覆於天，天所以覆之者高明也，而至誠之高明含容萬類，使之昭覺而不迷，則所以覆物者大矣。天地之覆載化行其中而物成，乃所以成之者悠久也，而至誠之悠久德教涵濡，皆使之漸摩而永正，則所以成物者遠矣。」〔註20〕至誠是博厚、高明、悠久而且廣大的，它以大公爲普遍之施，以大明開知覺之先，以久道盡化成之美，所以是至眞、至善、至美的。王夫之認爲，不管是作爲天之道的「誠」與作爲人之道的「誠之」，

〔註19〕 王夫之：《四書訓義》卷四，《船山全書》第7冊，長沙：嶽麓書社版，第207頁。

〔註20〕 王夫之：《四書訓義》卷四，《船山全書》第7冊，長沙：嶽麓書社版，第201頁。

不管是「謂之性」的「自誠明」還是「謂之教」的「自明誠」，從分別的意義上講各有自己的內涵和規定性，但如果從聯繫的意義上講則又是統一的，正可謂「分之則有異名，而合之則為一致，故曰一也。」〔註21〕在《讀四書大全說‧中庸》第二十一章中，王夫之在談到「自誠明，謂之性；自明誠，謂之教。誠則明矣，明則誠矣」一段文字時說道，這一段文字從意思上講可以分為兩段，此即「上二句以理言，下二句以事言。於理而見其分，則性原天而教自人。於事而著其合，則合天者亦同乎人，而盡人者亦同乎天。」又說「聖人之盡性，誠也；賢人之奉教，明也。誠則明矣，斯教立矣。明則誠矣，性斯盡矣。如此則轉合明而可以破此章之迷」。〔註22〕

總之，王夫之從多方面論證和闡釋了《中庸》「誠明合一」的命題，並對之作出了創造性的發揮，真正使這一命題具有了「致廣大而盡精微，極高明而道中庸」的學術品性，從而在中國倫理思想史上挺立起了一座道德精神的高峰。

三、王夫之誠明合一思想的現實意義

現代社會，伴隨著市場經濟體制的確立和利益最大化原則的盛行，人們的功利主義和實用主義觀念得到不斷強化，於是不擇手段地追求個人私利，一切向錢看的價值定理如洪水猛獸般在世界的每個角落肆虐。為了賺錢和盡可能快地盡可能輕鬆便宜地發財，多少單位、多少組織、多少企業、多少個人競相在以次充好、以假亂真、坑蒙拐騙、投機取巧上作文章，並使出渾身解數，無所不用其極，進而產生了日趨深重的道德危機。當前，誠信的缺失困擾著世界和中國，誠信的呼喚遍及社會生活的每個角落。如何來解救日趨嚴重的誠信危機，確保市場經濟沿著健康、有序和公正的方向發展，已成了各國政府和領導人包括老百姓都不得不關注的重大理論和實踐問題。誠信是市場經濟的核心和靈魂，同時也是市場經濟的保護神。一個沒有誠信、沒有秩序的市場不可能保證經濟的可持續增長，更不可能導致人民群眾生活質量的提升，同時還會消解或動搖整個社會結構，誘發大面積的社會動蕩和混亂。一個不講誠信的企業是不可能真正對消費者有什麼貢獻的，一個不講誠信的

〔註21〕王夫之：《四書訓義》卷四，《船山全書》第 7 冊，長沙：嶽麓書社版，第 187 頁。

〔註22〕王夫之：《讀四書大全說》上冊，北京：中華書局 1975 年版，第 147 頁。

個人也很難眞正地取信於人。呼喚誠信，建設誠信政府，打造誠信企業，塑造誠信個人，已成爲全社會的價值共識。在我國，如何來加強以誠實信用爲重點的道德建設，人們提出了不少有針對性的方案和措施，如強化法制建設，加大打假力度，從制度倫理和管理倫理建設處用功等等。我們認爲，這些方案和措施，都是十分必須的和重要的，但又是不全面的。事實上，當代社會的誠信建設也是一項系統工程，需要從各個方面去努力，也需要各個方面的有機配合。借用梁啓超總結近代學術史的話說，它應當超越單純「言器」或「言政」或「言學」的局限，上升到「言器」與「言政」、「言學」合一的高度。誠信建設涉及經濟、政治、文化諸領域，因此無疑需要從利益引導、制度管理和精神素質等多方面去加大建設的力度。就「言學」的方面而言，我們認爲應當大力發掘和弘揚中華民族注重誠信的傳統和民族精神。在數千年中華民族的發展史上，留下了無數誠實信用的佳話，更有不少從理論上闡釋誠實信用的經篇名作。其中王夫之關於誠明合一思想的論述就具有相當的現實意義。

其一，它啓示我們對於一般的普通百姓來說，要達到眞誠必須從對聖人之道的學習和效法起步，通過明白聖人之道而從內心深處培養眞誠的德性。在我們的現實生活中，一些人受西方思潮的影響，總是重法制輕倫理，重制度輕教育，似乎認爲一旦提及對人們進行道德教育就有可能衝擊以法治國，甚至還有人認爲強化道德教育就有可能產生虛僞的道德說教，因此與其讓虛僞的道德說教盛行倒不如讓道德危機盛行，一些人甚至還爲現實的道德墮落唱讚歌，認爲正是道德上的墮落才導致了經濟的發展和社會的進步。這些錯誤的觀點反過來使我們社會的誠信危機日趨深化和加重。事實說明，不加強整個社會的誠信教育是無法使其成員眞正從內心深處培養和擁有眞誠的品德的。王夫之指出：「聖之所明者，賢者得之而可以誠，明開於聖教，而非教之但可以明而無當於誠。故賢人明聖人之所明，而亦誠聖人之所誠。賢之所以學聖人而幾於天者，明尤其用功之資始。然則性必有明而後教立，學必緣明而後因教以入道。」〔註23〕這種觀點凸顯了由明而至誠的人道意義，肯定了由賢而聖的修養的重要性，強化了修道而立其誠的人生價值，對我們今天從事誠信教育無疑具有重大的啓迪意義。我們今天的大多數人之所以不誠，並不是他們不能「誠」，而是因爲他們不知「誠」，不瞭解誠的意義和價值。因

〔註23〕王夫之：《讀四書大全說》上冊，北京：中華書局 1975 年版，第 149 頁。

此，針對這種情況，我們必須有的放矢，強化「自明誠」的修為路徑，理直氣壯地進行誠信觀念的教育，使誠信觀念能夠為我們大多數的社會成員所接受，進而造就一種崇尚誠信、講求誠信的社會道德氛圍。這樣，才能從源頭和根本上解決我們社會的誠信問題，以提高廣大公民的思想道德素質。

其二，它啟示我們社會要加強誠信觀念的教育，必須重視挺立價值目標，置重理想人格，注意運用道德典範的作用。雖然誠如一些學者所說啟蒙以來的近代化和現代化本質上是道德生活的世俗化，其指向是由聖而凡，因此必然是道德理想主義的消解，道德現實主義的盛行。我們無意去品評這一轉向的是非對錯，因為它已經是一種不爭的現實。我們只想說，在既存在現代化又存在現代化向後現代化邁進的今天，我們的道德建設應該立足於這種世俗化的基礎之上，但同時也應對這種過分的世俗化保持必要的反思、批判與超越，應該挖掘中華民族歷史上注重道德理想和推崇聖賢氣象的深厚資源，以濟現代人近乎頹廢的道德心靈。依據這樣的視角來審視王夫之的「誠明合一」說，我們會認為他在傳統與近代的交接點上，是既主張使聖人貼近民眾又主張使民眾效法聖人的。他批判了宋明諸儒的唯聖主義，又不贊同明末清初一些人的非聖主義（如李贄），總體上是希望實現由聖入凡和由凡入聖的有機統一的。王夫之指出：「古之聖人，本其性之至善者而盡存養省察之功，為內治密藏之極致，乃以發為日用之所當為者，皆得乎大中至正之道，而無過不及。存之為誠，成之為知仁勇，發之為言行動，施之為禮樂刑政。於是功化之極，與天地合德，而民物受治焉。」〔註24〕這裏對聖人的道德典範作用作了充分的肯定。我們認為，肯定聖人之為道德典範的作用，本質上是為完善現實的人性和人道提供一個可資借鑒的範本。現實的人性和人道都是有種種缺陷與不足的，因此它必須有所提升也應當有所提升，而提升的目標則是向著聖人這種理想化的人格邁進。倘若沒有這樣的目標，那對道德修養和道德教育來說，都是不利的。我們今天的道德修養和道德教育之所以收效甚微，一個重要的原因即在於人們缺乏對理想人格的追求，社會缺乏有效的價值目標供人們作道德修養的依憑。因此，批判性地借鑒王夫之關於理想人格的論述，對於我們在加強公民道德建設時正確設立價值目標，解決無目的和典範可循的道德迷失，無疑是有一定的積極意義的。

〔註24〕王夫之：《四書訓義》卷二，《船山全書》第 7 冊，長沙：嶽麓書社版，第 104 頁。

　　其三，它啓示我們道德建設重在培養眞誠的品德，只有眞誠品德的挺立和形成才能夠眞正成就一番事業，推動社會的進步和文明。王夫之對「修道以立其誠」的功能和作用作了充分的肯定，認爲「德至於敬信，德至於不動而敬，不言而信，則誠無息矣，人合天矣，命以此至、性以此盡、道以此修、教以此明而行矣」。〔註 25〕「修道以立其誠」，不僅能夠使人們在擇善固執的內聖道路上自完其身，達到誠身和身誠的境界，而且還能夠使人們在化成萬物的外王道路上有功於天下，完成致太平、育萬物、參天地的功業。「自明誠者，與至誠合其德，則其成德之大用亦無不合焉。所以然者，盡乎誠之體，則自極乎誠之用也。夫自明誠者，必先明乎誠之所以然，與誠之之道所當然，而因以致其擇執之功。」〔註 26〕王夫之發展《中庸》「合內外之道」的思想，認爲「合內外之道」是由內到外，由成己到成物，是講成己與成物的結合。「道爲合外內之道，則通萬事於身心之固然以汎應而不窮。由是而措諸施行，時所當行而行，時所當止而止，時常而貞之以常，時變而盡乎其變，己之所爲即協乎物之理，應之於物皆順乎己之心，而無不宜矣。」〔註 27〕這種思想發展了先秦儒家內聖外王的觀點，具有一定的積極意義。今天，我們要眞正實現全面建設小康社會、促進中華民族偉大復興的戰略目標，需要繼承王夫之誠明合一的思想精華，大興求眞務實之風，大力弘揚求眞務實的精神，眞正做到講實話，辦實事，求實效，只有這樣我們才能以求眞務實的精神和作風加快中國特色社會主義建設的步伐，奪取建設有中國特色社會主義事業的新勝利，譜寫中華民族歷史的壯麗詩篇。

〔註 25〕 王夫之：《讀四書大全說》上冊，北京：中華書局 1975 年版，第 192 頁。
〔註 26〕 王夫之：《四書訓義》卷四，《船山全書》第 7 冊，長沙：嶽麓書社版，第 195頁。
〔註 27〕 王夫之：《四書訓義》卷四，《船山全書》第 7 冊，長沙：嶽麓書社版，第 196頁。

第六章　王夫之的道德修養理論

　　中國歷史上許多倫理思想家盡管在道德哲學理論體系上建樹不多，但在道德修養方面卻多有貢獻。自孔孟老莊到兩漢經學、魏晉玄學、隋唐佛學、宋明理學都圍繞著修養的目的、實質、內容和方法等問題，展開了長期的辯難和爭論。明末清初的倫理思想家王夫之，「坐集千古之智」，不僅對傳統倫理的義利之辨、理欲之爭作出了理論上的總結，而且對傳統道德修養諸問題給予了系統的清理，並構建起自己的、別開生面的道德修養理論。

一、道德修養的理論前提

　　人為什麼需要進行道德修養？這是論及道德修養時必須首先回答的問題。中國倫理思想的先哲們都是聚焦於人性閾，試圖通過對人性的剖析來解證這一問題。不管中國歷史上有關人性探討論爭的學說如何雜陳相抗，但其目的都是為道德修養提供理論基礎。孟軻和荀況的人性論雖成主善主惡之對峙，但得出的結論「人皆可以為堯舜」和「途之人可以為禹」卻又不謀而合。王夫之亦是從人性的分析入手而進至道德修養問題的探求的。但是，與歷史上的其他倫理思想家不同，王夫之並不曾冠之人性以先天或超驗的善惡特質，而是另闢蹊徑去尋覓人性的真正含義。他運用元氣本體的生化學說和陰陽變合的辯證法思想，提出了一種不落俗套的新學說，即「性日生論」。

　　首先，王夫之考察了中國歷史上許多倫理思想家的人性理論，發現了他們的失誤就在於「皆不知才性各有從來，而以才為性」。在《張子正蒙注》一書中，王夫之批判了荀悅、韓愈和二程的「性三品說」、「氣質之性說」，指出

他們把「性」和「才」混淆起來，荀悅、韓愈等人所宣揚的性三品論，「其實才也，非性也」。「程子謂天命之性與氣質之性爲二，其所謂氣質之性，才也，非性也」。〔註1〕在王夫之看來，「性者，氣順理而生人，自未有形而有形，成乎其人，則固無惡而一於善，陰陽健順之德本善也。才者，成形於一時升降之氣，則耳目口體不能如一，而聰明幹力因之而有通塞、精粗之別，乃動靜、闔闢偶然之機所成也」。〔註2〕才與材通，指天賦予人的材質和潛能，它是陰陽二氣變合聚集而成的，具有偶然性；而性則是內在於氣或天地之中的陰陽健順之德授之於人的結果，即在人受之於氣質謂之性。

王夫之認爲，「性者，生理也，日生則日成也」。王夫之把人性解釋爲人的精神本質（理）與人的物質屬性（氣）相互作用的統一體。他在論及到人性的具體內容時這樣說道：「蓋性者，生之理也。均是人也，則此與生俱有之理，未嘗或異；故仁義禮智之理，下愚所不能滅，而聲色臭味之欲，上智所不能廢，俱可謂之爲性。」〔註3〕人性不是一受成侀、不受損益的，形日以養，氣日以滋，理日以成。人與禽獸的區別就在於人能依靠後天的日新之化，不斷地成性存存，相仍不捨。「故性屢移而異……未成可成，已成可革」。〔註4〕

爲什麼人性不是一受成侀，而是屢移而異的呢？王夫之認爲，它不僅僅取決於自然界的生化之道，而且也是人們不斷地「繼善」和「積習」的結果。人性的形成、發展變化與人們的繼善與積習是密切相關的。他發展了《易經・繫辭傳》「一陰一陽之謂道；繼之者善也，成之者性也」的思想，明確提出了「繼善成性」的觀點。在王夫之看來，「惟其有道，是以繼之而得善焉，道者善之所從出也。惟其有善，是以成之爲性焉，善者性之所資也。方其爲善，而後道有善矣。方其爲性，而後善凝於性矣」。〔註5〕王夫之主張繼善，是希望人們把性資以形成的陰陽健順之德，繼續不斷地察識而擴充。他把「繼」看得無比重要，認爲「繼之爲功於天人乎！天以此顯其成能，人以此紹其生理者也。性則因乎成矣，成則因乎繼矣。不成未有性，不繼不能成。天人相紹之際，存乎天者莫妙於繼，然則人以達天之幾，存乎人者亦孰有要於繼乎！

〔註1〕王夫之：《張子正蒙注》卷三，北京：中華書局1975年版，第110頁。
〔註2〕王夫之：《張子正蒙注》卷三，北京：中華書局1975年版，第109頁。
〔註3〕王夫之：《張子正蒙注》卷三，北京：中華書局1975年版，第108頁。
〔註4〕王夫之：《尚書引義》卷三，北京：中華書局1962年版，第56頁。
〔註5〕王夫之：《周易外傳》卷五，北京：中華書局1977年版，第181～182頁。

夫繁然有生，粹然而生人，秩焉紀焉，精焉至焉，而成乎人之性，惟其繼而已矣。」〔註6〕以陰繼陽而剛不餒，以陽濟陰而柔不孤，以陽繼陰而柔不靡，以陰繼陽而剛不暴，陰陽剛柔，莫重於繼。所以，繼之則善，不繼則不善。繼善才能成性。成性取決於繼善。人們只有在「繼」的日生不息中，努力「取多用宏」、「取純用粹」，才能成就自己的人性。

　　「繼善成性」講的是人性形成和發展的主觀方面。與此相適應，「習與性成」則對影響人性的客觀因素作了論證。王夫之認為：「人皆可以為善者，性也。其中不可使之為善者，習也。」習既指外部環境和社會的教育狀況、風俗習慣，也指個人的學習和實踐。它對人性的形成和發展有著強烈影響。一方面習與性成，另一方面性與習成。習與性成者，習成而性與成也；性與習成者，性成而習與成也。他指出：「習之於人大矣，耳限於所聞，則奪其天聰；目限於所見，則奪其天明；父兄熏之於能言能動之始，鄉黨姻亞導之於知好知惡之年，一移其耳目心思，而泰山不見，雷霆不聞；非不欲見與聞也，投以所未見未聞，則驚為不可至，而忽為不足容心也。故曰：習與性成。」〔註7〕人性雖有為善的可能，但由於見聞與社會環境的影響，如果從小養成一種不良的習性，則以後雖有嚴師益友不能勸勉，隆賞重罰不能匡正。習與氣相攝，它能夠影響氣的功用，影響性的生成與變化，「是故氣隨習易，而習且與性成也」，「氣效於習，以生化乎質，而與性為體」。所以，人之無感而思不善者，亦必非其所未習者也。「其為不善者，則只是物交相引，不相值而不審於出耳。惟然，故好勇、好貨、好色，即是天德、王道之見端；而惻隱、羞惡、辭讓、是非，苟其但緣物動而不緣性動，則亦成其不善也」。〔註8〕王夫之肯定「性相近，習相遠」，強調養成良好的習慣，積習成性。如果人日日能繼善，就可成為善，日日不能繼善，那就會成為惡。

　　從某種意義上說，「習與性成」是對「繼善成性」的必要補充和說明，它從另一個方面證實了繼善成性。二者的實質是同一的，均突出和強調了人性不是什麼永恒的不可改變的東西，人性的形成是一個「繼善」不捨和「積習」不止的過程。這兩個方面的有機統一構成了王夫之「性日生論」的全部內容，同時也揭示了王夫之道德修養理論的內在必然性及其根源。

〔註6〕王夫之：《周易外傳》卷五，北京：中華書局1977年版，第182頁。
〔註7〕王夫之：《讀通鑑論》卷十，北京：中華書局1975年版，第262頁。
〔註8〕王夫之：《讀四書大全說》卷八，北京：中華書局1975年版，第569頁。

二、道德修養的主要內容

　　道德修養的理論前提解決之後，緊接著而來的則是要論證以什麼作為道德修養的主要內容。王夫之借助於氣化流行學說，批判地改造了孔孟儒家關於道德修養內容的理論，提出了以「志」、「行」、「守」作為道德修養的主要內容，從而極大地豐富了傳統儒家的道德修養理論。

　　王夫之指出：「夫士有志、有行、有守，修此三者而士道立焉。」〔註9〕王夫之尤重「志」，把「志」提升到人禽之別的高度，認為「人之所以異於禽獸者，唯志而已矣。不守其志，不充其量，則人何以異於禽獸哉！」〔註10〕又說：「志者，人心之主……人為功於天而氣因志治也。不然，天生萬殊，質偏而性隱，而因任糟粕之嗜惡攻取以交相競，則濁惡之氣日充塞於兩間，聚散相仍，災眚凶頑之所由彌長也。」〔註11〕「志」，體現著人的人性，表徵著人的本質，更反映著人的價值和尊嚴。因此，人是應該有志的。一個人，即便是在其權不自我、勢不可回的情況下，身可辱，生可捐，國可亡，亦應該做到「志不可奪」。人的堅貞之志，可以與天地同在，與日月齊光。所以，道德修養的第一要務就是立志，立以身任天下、不為世顛倒的無私之志。王夫之繼承並發展了孔子的「志於道」的思想，強調「志以道寧」，認為「志於道」即是「立天下之本」，指出：「君子之以康乃心者，誠而已矣。誠而後洵為天下之大本也，故曰志以道寧。誠與道，異名而同實者也。修道以存誠，而誠固天人之道也。」〔註12〕在王夫之看來，修道是為了存誠，誠與道都是志之所向並構成志的本質內涵。志於道，才能夠心有所屬，情有所繫。秉道以宅心而識乃弘，識惟其弘而志以定，志定而斷以成，斷成而氣以靜，氣靜而量乃可函受天下而不迫，天下皆函受於識量之中，無不可受也，而終不可搖也。由是觀之萬物之所自生，萬物之所自立，耳目之有見聞，心思之能覺察，皆與道為體。道，施之一室而宜，推之一國而準，推之天下而無不得。所以，立志即是立志於道，志是志於道，行則是行於義。道是萬事萬物所由以遵循的必然之理，義則是人人當該奉守的應然之則。自古道與義相依相生。重志

〔註9〕王夫之：《宋論》卷十四，北京：中華書局1964年版，第251頁。
〔註10〕王夫之：《思問錄外篇》，見《思問錄 俟解 黃書 噩夢》，北京：中華書局2009年版，第57頁。
〔註11〕王夫之：《張子正蒙注》卷一，北京：中華書局1975年版，第27～28頁。
〔註12〕王夫之：《尚書引義》卷五，北京：中華書局1962年版，第113頁。

必然重行，言道定須言義。王夫之把義視爲做人的根本，認爲「立人之道曰義，出義入利，人道不立」。人的一生只有與義結合起來才有眞正的價值。「生以載義生可貴，義以立生生可捨」。在王夫之看來：「天尊地卑，義奠於位；進退存亡，義殊乎時；是非善惡，義判於幾；立綱陳常，義辨於事。」〔註13〕義者。因事制宜，剛柔有序，化之所自行也。以知知義，以義行知，存於心而推行於物，神化於事也。一個人只有以義爲行，視聽言動才不背天人合一之理，循義就能達到物不能遷，形不能累之境界。同時，王夫之還認爲，遵守道德原則，將道德原則現實化和行動化，亦會同「仁」相近相通。「仁」是一種愛的道德情感，它與人們的現實生活是密切相關的。「仁」要求人們對君盡忠，對父盡孝，對兄恭，對弟友，對夫敬，對婦愛。「仁」要求人們去積極有爲地行動。所以王夫之說：「力行近乎仁。」行仁和行義本是一體，王夫之常常把仁義並稱，認爲居仁由義、取義蹈仁是士君子當求之事，也是人之所以爲人而不淪爲流俗禽獸的關鍵。正是基於這種認識，王夫之指出：「立人之道曰仁與義，在人之天道也。由仁義行，以人道率天道也。行仁義則待天機之動而後行，非能盡夫人之所以異於禽獸者矣。天道不遺於禽獸，而人道則爲人之獨，由仁義行，大舜存人道聖學也。」〔註14〕

行仁義一以貫之，威武貧賤富貴生死均不能爲之所動，就是「守」。「守」即操守貞節，它是人們志向抱負的凝聚，也是人們品質行爲的結晶。在「守」中，不僅體現著個體道德意識和道德觀念的明晰性和完整性，同時也體現著個體道德意志的頑強性和堅定性，而且還體現著個體道德情感的摯烈性和深刻性。「守」的崇高往往是在人們面臨著義利、理欲、人我、己群的衝突，榮辱、禍福、吉凶、生死的選擇的情境中表現出來。「守」要求人們「惟道是從」，惟義是遵，「不染患失之風」，「不抱孤危之恤。沉潛而能剛克，不荏苒以忘憂；彊毅而能弘通，不孤清以違眾。言可昌，而不表暴於外以洩其藏；節可亢，而不過於絕物以廢其用」。〔註15〕要求人們「不導淫以蠱上，不生事以疲民，不排擊以害忠良」。不管是處在「逆亂垂亡，憂危沓至之日」，亦應當「爲其所可爲，爲其所得爲」。王夫之指出：「履信思順者，雖險而不傾；取義蹈仁

〔註13〕王夫之：《周易外傳》卷七，北京：中華書局1977年版，第247頁。
〔註14〕王夫之：《思問錄內篇》，見《思問錄　俟解　黃書　噩夢》，北京：中華書局2009年版，第7頁。
〔註15〕王夫之：《宋論》卷十一，北京：中華書局1964年版，第210頁。

者，雖死而不辱。安能因人之好惡，以蒸成朝菌之榮光哉！存亡者天也，死生者命也。寵不驚而辱不屈者，君子之貞也。」〔註16〕

「志」、「行」、「守」三者的有機統一構成了道德修養的主要內容。其中「志」是修養的起點，價值目標的確定；「行」是修養的核心，價值目標的追求；「守」是修養的結果，價值目標的抵達。三者的遞進反映了道德修養是一個從動機、行為到效果的合乎規律的發展過程。

三、道德修養的路徑與方法

道德修養的主要內容確定之後，繼之而要探討的則是道德修養的方法和途徑。這是中國倫理思想家研究最為廣泛的一個領域。王夫之全面繼承和發展了前人在這一方面的優秀成果，並對之作了較為深刻和富有新意的論證。

在王夫之看來，道德修養的目的就是為了充分發揮人的主體性，實現人的價值，使人成為一個真正的名副其實的人。所謂明明德、親民和止於至善，所謂修身、齊家、治國平天下，莫不與此相關。如果人們倫不明，物不察，唯旨是好，善不知好，那就會無異於禽獸。所以，人要成為一個真正的名副其實的人，就必須而且應當進行道德修養。那麼，怎樣進行道德修養呢？依靠什麼樣的道德修養方法才能達到道德修養的目的呢？王夫之除了對傳統倫理的「格物」、「致知」、「誠意」、「正心」作過論說發揮之外，更專門建構起了以「存」、「養」、「躬」為主體的一套方法。

根據「命日降、性日受」，「命日受、性日生」的人性論，王夫之發展出了「存」的修養方法。「存」是指保持和發揚天賦予人的陰陽健順之德，擴充和完善人的人性。成性存存，存之又存，相仍不捨，君子自強不息，以存性也。王夫之強調，目日生視，耳日生聽，心日生思，形受以為器，氣受以為充，理受以為德。所以，取之多用之宏則壯，取之純用之粹則善。人能存而不失，推而行之，則誠至而聖德成矣。

「存」與「養」不相分，正如「性」與「氣」無二致一樣。存性即涵有養性，養者長養、培育、薰陶。言存必亦言養。王夫之十分重視「養」，他說：「養之，則性現而才為用；不養，則性隱而惟以才為性，性終不能復也。養之之道，沉潛柔友剛克，高明強弗友柔克。教者，所以裁成而矯其偏。若學

〔註16〕王夫之：《尚書引義》卷六，北京：中華書局 1962 年版，第 171 頁。

者之自養，則惟盡其才於仁義中正，以求其熟而擴充之，非待有所矯而後可正。」〔註17〕養之從容，而守之靜正。「外利內養，身心率循乎義，逮其熟也，物不能遷，形不能累，惟神與理合而與天爲一矣」。〔註18〕王夫之認爲，人有氣，善養而成浩然。他指出：「吾之氣有浩然不易養也，而我必求善養焉，善養之，而後庶幾其浩然也……必不能坐而聽氣之自生，亦不能起而期氣之必壯。吾求之，吾乃善養之；吾益求所以善養之，乃成乎其浩然。氣無迫見之效，養無迫見之功，養必充乎吾氣，而後天下無可懼也。此吾不動心之道。」〔註19〕這種浩然之氣乃集義所成，只有從義所生的「氣」才能廣爲流行。王夫之把「氣」解釋爲「吾身之流動充滿以應物而貞勝者」，它同天地之正氣相合相通。「養氣」的過程亦是一個「集義」的過程，這個過程有一個「積小以大，由著徹微，坦然終日，無所愧怍」的從量變到質變的過程，因此不能期望一朝一夕就能成其浩然，它需要頑強的毅力和堅韌的耐心。「是故天地之以德生人物也，必使之有養以益生」〔註20〕。

「存」、「養」必求其「躬」。從某種意義上說，「存」、「養」本身亦是「躬」。但是，「存」、「養」畢竟只是主體內在心理、意識和情感的活動，它還不是將其施諸外界的實踐活動。一個人要卓有成效地進行道德修養，必須以「躬」爲主要之方。王夫之把「躬」的地位提得很高，指出：「存乎天地之間者，唯其躬而已矣……是故君子不爲不可安，不行不可止，不親不可交，不念不可得，不處不可長，行則行之，違則違之，躬之不得而拂也……是故君子不歆其息，不懼其消，死生亦大矣而不見異焉，外物不累而無所節焉，夙興夜寐，旦旦尋繹而不窮，躬之恒也……故惟其躬而已矣。」〔註21〕「躬」即是身體務行、主動實踐，它是人們一切道德知識和道德觀念的來源，也是人們道德心理和道德情感日臻豐富完善的必要途徑。王夫之運用他的「知行關係」說，分析和論證了道德知識和道德行爲的關係，提出了「躬行爲上」的觀點。他說：「行於君民親友、喜怒哀樂之間，得則信，失則疑，道乃益明，是行可有

〔註17〕王夫之：《張子正蒙注》卷三，北京：中華書局1975年版，第110頁。
〔註18〕王夫之：《張子正蒙注》卷二，北京：中華書局1975年版，第73頁。
〔註19〕王夫之：《四書訓義》卷二十七，《船山全書》第8冊，嶽麓書社版，第189～190頁。
〔註20〕王夫之：《周易外傳》卷六，北京：中華書局1977年版，第218頁。
〔註21〕王夫之：《薑齋文集·補遺》，《王船山詩文集》，北京：中華書局1962年版，第122～123頁。

知之效也。」「今夫利害之機，善不善之辨，貴於能知也，而非但知之爲貴也，身試其中而後得失判矣。」可見，知不可兼行，而行則可兼知。君子求知的目的是爲了仰以事天，俯以治物，「臣以事君，子以事父，內以定好惡之貞淫，外以感民物之應違」，是爲了齊家、治國、平天下。所以「知」只是「行」的一種手段，與「行」無關的「知」毫無價值。由此看來，王夫之在道德修養內容上推崇「行」，在道德修養方法上推崇「躬」，就不是不可理解的了。

結合修養方法，王夫之談到了理想人格問題。王夫之的理想人格是以靜存動察之道修己治人、撥亂反正，「破一鄉之見而善及天下，離一時之俗而遊於千古」的君子。君子之行，居下位而無不滿，居上位而不驕傲，雖至於聖且不自聖，虛受萬物而廣其博愛，以求道德於無己已。君子之言，「不爲物激，不爲時詭，正大而已矣」。君子酌天理而不妄，「學以聚之，思以通之，智以達之，禮以榮之，集義以昌其氣，居敬以保其神，備物以通其理」，他如「泰山喬嶽，屹立君峰之表」，「功配天地而不矜，名滿萬世而不爭」。倘使天下百姓能修此人格，那該是一幅多麼令人心醉的美景啊！王夫之滿懷信心地吟誦，「情知臘盡雪須消」，「雞聲歷歷曙光微」。人的全面發展、道德高尚、人格完善的時代一定會到來。

四、王夫之道德修養論的評價

同前人相比，王夫之的道德修養理論又有哪些新意和不足呢？

第一，王夫之道德修養的理論前提「性日生論」開闢了人性研究的嶄新通途。同孟軻以先天道德意識解證人性本善，荀況從與生俱有之欲推出人性本惡，甚或是宋明理學基於天理之性與氣質之性的區分得出的天理之性皆善、氣質之性皆惡的結論相比，王夫之「性日生論」的獨特之處，在於它拋開了先天或超驗的邏輯起點，立足於後天的「繼」與「習」；在於它拋開了人性本善本惡的糾纏，將「善」「惡」同「繼」「習」聯繫起來分析，強調人性的後天生成與社會影響。在善惡與人性的關係問題上，王夫之不僅提出了人性的善惡並不具有絕對的意義，而且提出了只有把善惡作爲原因，人性作爲結果，才不背「天人合一」之理。並指出進行道德修養，既不是爲了發揚先天的德性，也不是爲了壓抑、制服先天的欲性，而是爲了成性，形成一種「理欲皆自然」的人性。

第二，王夫之道德修養的主要內容突出了道德作爲實踐理性的地位，爲

力戒空言修養，倡揚經世致用和道德踐履鋪平了道路。同陸九淵、程顥、朱熹天下皆理，修養便是達天理的客體意識修養論相比，王夫之的道德修養理論的獨特之處，在於它強調了道德行為的修養，在於它把道德意志的修養立於深刻的辯證法和進步的歷史觀基礎之上，在於它把個體道德意志的修養同發展人的個性、完善人的人格聯繫起來。王夫之所謂的行「義」，不是「一人之正義」，也不是「一時之大義」，而是「古今之通義」。王夫之所謂的守「節」，不是避世以潔身，也不是「匹夫硜硜之節」，而是道義人格之大節。王夫之所謂的志「道」，不是謀生求食之道，也不是知行格致之方，而是天下之大道。他的「道」「義」「節」，是和歷史的發展、民族的未來、國家的長治久安之大利息息相通的。他提出的以身任天下，趨時更新之「志」，居仁由義之「行」以及臨難不屈之「守」，都包含著社會歷史發展的客觀規律是人們進行道德修養的唯一真實內容的因素。

　　第三，王夫之關於道德修養的途徑和方法的理論，把內存養，外躬行有機地統一起來，對於發展人的身心官能，協調人我、群己關係，也具有「開一代新風」的意義。在王夫之以前的思想界，關於道德修養方法的討論，往往局限於個人覺悟反省的主觀領域，於是自我身心靈肉的對決爭鬥，捉心中賊以及自輕自賤、克欲、禁欲乃至絕欲的方法競相問世，致使修養的方法成了否定自我，殘殺自我的工具。王夫之理直氣壯地批駁了程朱陸王等禁欲主義說教，稱朱熹「革盡人欲，復盡天理」的主張為「厭棄物則，而廢人之大倫」的謬說淫詞。認為天理和人欲同行異情，密不可分，人欲之各得，即天理之至正。既然天理寓於人欲之中，人欲之中有天理，那麼道德修養就絕不是「存天理，滅人欲」的活動，而是合理地調整己欲與他欲的關係，把私欲同公欲統一起來的道德實踐。這種調整與統一不可能只訴諸思想意識領域，而不訴諸行為活動。正因為如此，王夫之主張通過存性與養氣的功夫而達躬行，由內而外，由己到群，實現主觀與客觀，主體與客體的統一。

　　毋庸諱言，王夫之道德修養理論還存在著許多封建倫理的糟粕。比如，他把仁義禮智解釋為君臣、父子、夫婦之大倫的體現，他把道德上升到人禽之辨的高度，視道德為人之所以為人的根本點。他把道德意識的修養看成是從屬於道德意志和道德行為的修養，以及他將勞動人民斥為小人、流俗等觀點，都反映了他的階級和時代的局限。也正是因為階級和時代的局限，使他不可能超出傳統倫理的視野，成為新興市民階級倫理觀的代表。他的道德修

養理論，同他的其他倫理學說一樣，都處在一種力圖擺脫舊的倫理而又無法擺脫，刻意尋求新的倫理而又難於尋到的困境之中。其中既有新思潮的蒙發和閃光，又拖著舊思想的尾巴。理性上嚮往著未來，情感上卻眷戀著過去，精華和糟粕集於一身。今天，我們正處在一個改革、開放的大轉變時期，傳統倫理與西方倫理的碰撞，經濟發展與道德要求的背反，都會導致道德理性的痛苦和道德選擇的困難，因此如何尋找傳統倫理與現代倫理的契合點，將是倫理學界一件極為迫切而又重要的工作。也許更深刻地反省和研究王夫之等早期啓蒙學者的倫理思想及其內在悲劇，將會有助於我們發展符合社會和時代潮流的倫理體系，更有成效地推進社會主義的道德建設。

第七章　船山對民族精神的繼承與發揚

　　船山風骨嶙峋、氣岸高標的一生彰顯著中華民族精神的千秋德操。船山不特是中華民族精神的繼承者，更是中華民族精神的發揚光大者。他自稱「抱劉越石之孤憤，而命無從致」，然而他卻在「天崩地裂」、「海徙山移」的時代和社會變局中，始終堅持民族尊嚴，挺立道德自我，「歷乎無窮之險阻而皆不喪其所依」，卓越地堅守了一位憂國憂民之士的愛國主義氣節和民族情操，堅貞不渝，老而彌篤，其人格如「孤月之明，炳於長夜」。尤其是他在 73 歲時作的《船山記》，以湖南衡陽湘西草堂所在石船山及其上的頑石自況，「賞心有侶，詠志有知，望道而有與謀，懷貞而有與輔」，那種以石喻志、以山比人的「步影沿流，長歌互答」之氣節，真可謂感天地、泣鬼神。《船山記》揭櫫船山窮老荒山而耿介不阿的精神境界，凸顯了船山壁立萬仞、只爭一線的人格追求，表達了船山對崇高、堅貞、高邁、超越的諸多信念和理想。船山自稱「希張橫渠之正學，而力不能企」，然而他卻以「六經責我開生面」的學術使命感和「坐集千古之智」的學術研修，通過精研易理、闡釋孔孟、鎔鑄老莊、吸納佛道而在更高的層面上超越了張載。尤有價值的是，他以深厚的哲學睿智和倫理文化功底對明清之際的歷史變局予以反思，把先進漢民族的自取敗辱引為沉痛教訓，決心「哀其所敗，原其所劇」，「參萬歲而一成純」，致力於中華民族偉大復興的價值再造，在探求理勢合一的歷史規律中提出了「情知臘盡雪須消」和「寒梅春在野塘邊」的命題，抒發了「雞聲歷歷曙光微」的壯志豪情，認為「吾今日未有明日之吾而能有明日之吾者，不遠矣」，一代光明俊偉、瀟灑安康、「光芒燭天、芳菲匝地」的新人即將誕生，我們的祖國和民族必能衰而復興，厥而復振，轉危為安，巍然屹立於世界的東方。

　　船山繼承並光大了以愛國主義爲核心的中華民族精神。船山之愛國，集
憂國之思、報國之志、衛國之舉和興國之行於一身。在面對「廟堂之是非，
天下必欲反之；天下之是非，廟堂必欲反之」的危機時刻，他不僅組織了具
有政治革新和文化革新的「匡社」，以德養節操砥礪同志，共同投身匡時救國
的大業，而且從理論上區分了一姓之興亡的朝廷和生民之生死的天下，指出：
「一姓之興亡，私也；生民之生死，公也」，強調「不以一人疑天下，不以天
下私一人」。他把義區分爲「一人之正義」、「一時之大義」和「古今之通義」，
認爲「事是君而爲是君死，食焉不避其難，義之正也。」一時之大義要求臣
子所忠於的君主應該是天下所共奉的君主，「非天下共奉以宜爲主者也，則一
人之私也；」「君非天下之君，一時之人心不屬焉，則義徙矣；此一人之義，
不可廢天下之公也。」〔註1〕即使所事者是天下所共奉之君，也還有比君臣之
義更高的大義所在，這就是夷夏之辨，「而夷夏者，義之尤嚴者也。」因此，
對於不能保中夏、衛社稷的昏暗之君，決不應當無條件地服從，而應當堅決
反對，此所謂「不以一時之君臣，廢古今夷夏之通義也」。〔註2〕古今之通義
也就是國家民族之大義，它高於並優於君臣之義。船山強調指出「以一人之
義，視一時之大義，而一人之義私矣；以一時之義，視古今之通義，而一時
之義私矣。公者重，私者輕，權衡之所自定也。」〔註3〕因此，「不可以一時
廢千古，不可以一人廢天下」。以民族存亡的萬世之大義爲衡量標準，船山還
把「天下之罪人」亦分爲三個層次，即「禍在一時之天下，則一時之罪人」，
「禍及一代，則一代之罪人」，「禍及萬事，則萬世之罪人」。〔註4〕愛國就是
要愛代表中華民族整體利益的天下，愛集中表現中華民族精神命脈的「古今
之通義」，愛體現公道正義的天下芸芸眾生。船山對生民的生死和人民的價值
給予了高度的關注，不僅認識到各得的人欲即是天理的化身，「天下之公欲，
即理也；人人之獨得，即公也，」〔註5〕主張滿足人民大眾的物質欲望，而且
認識到「民之視聽明威」的巨大力量，民意即是天意的顯現，堅決反對「捨
民而言天」，主張對反映「民之天」的「民之視聽」予以重視，強調順乎民心，
尊重民意，並把愛國的實質歸結到愛民上來。

〔註1〕王夫之：《讀通鑑論》卷十四，北京：中華書局1975年版，第400～401頁。
〔註2〕王夫之：《讀通鑑論》卷十四，北京：中華書局1975年版，第401頁。
〔註3〕王夫之：《讀通鑑論》卷十四，北京：中華書局1975年版，第400頁。
〔註4〕王夫之：《讀通鑑論》卷二十九，北京：中華書局1975年版，第912頁。
〔註5〕王夫之：《張子正蒙注》卷四，《船山全書》第12冊，長沙：嶽麓書社版，第
　　　191頁。

　　船山繼承並光大了以自強不息、厚德載物爲價值趨赴的中華民族精神。中華民族精神之實質和價值核心是《周易》所提出的天地之德的人文化彰顯和集結，是效法天地之道的有爲君子內在精神和品質的凝聚與弘揚。「天行健，君子以自強不息」，「地勢坤，君子以厚德載物」。船山從修己治人的角度探討並論述了自強不息和厚德載物的精神內涵，強調君子修己當以自強不息爲要，體天道「內健而外復健」的品性用以律己，即是要「善用其志氣」，在「自克己私」上下功夫，進而做到發憤忘食，樂以忘憂，不知老之將至，修煉「聖德之純」。自強不息是君子人格的重要構成，只有自強不息才能進德修業，「立一成純之局」，「不爲世所顛倒」。船山認爲一個人只有在德性的修煉上自強不息才能提升自己的精神境界，做自己前途和命運的主人，實現眞正的人的價值，成就「堂堂巍巍，壁立萬仞」的高大人格。厚德載物是一個人待人接物應當具有的美德和精神，「君子體坤之德，順以受物，合天下之智愚貴賤，皆順其性而成之，不以己之所能責人之不逮，仁禮存心，而不憂橫逆之至，物無不載也。」〔註6〕船山特別強調君子體天地之德，應當各有所用，千萬不能以剛健治物，以柔順處己。如果以「剛健治物」，就會導致「物之性違」的惡果；如果以柔順處己，就會造成「己之道廢」的局面。只有「以乾自強」，「以坤治人」，才能成就內聖外王的德性和人格。如果說自強不息表現了中華民族的奮鬥或嚴於律己的精神與品質，那麼厚德載物則表現了中華民族的寬容或寬以待人的精神與品質。二者相輔相成，共同架構起中華民族精神和傳統美德的大廈。

　　船山繼承並光大了革故鼎新的中華民族精神。他發揮了《大學》「苟日新，日日新，又日新」、「作新民」的思想，強調「革民之就染而使之維新」，是「王者出政敷治之所爲」。「苟日新，日日新，又日新」，被刻在商湯王洗澡盆上，本來是說洗澡的問題：假如今天把一身的污垢洗乾淨了，以後便要天天把污垢洗乾淨，這樣一天一天地下去，每天都要堅持。引申爲道德精神上的洗禮和品德上的修煉。船山指出：「夫人無日不思濯其身，亦無日而不思濯其心乎！因積怠之餘而念前此之不可不改也。苟於一日焉知所未知，行所未行，而勉其始新之力，則此日之身心已別矣。乃苟日新焉，而不容自已也；其繼也，承方新之氣，而知繼此之愈有其修也。嗣是而日日焉，已知而更有所知，已

────────────────

〔註6〕王夫之：《周易內傳》卷一，《船山全書》第1冊，長沙：嶽麓書社版，第78頁。

行而更有所行，而承以常新之功，則日日之進修益盛矣。」〔註7〕船山特別強調道德上的日新，並對「日新之謂盛德」大加讚賞，認為道德本身是不斷發展變化的，人們應該在道德上不斷地追求和攀越，永遠不知滿足，自強不息，發奮有為，每天都要有新的進步，新的發展，生命不息，修養不止，這樣就能使自己達於完善的境界，成為真正有道德的人。船山本人在理論和學術上崇尚革故鼎新，他以「伸斧鉞於定論」的批判精神，對中國傳統文化給予了系統的清理和全面的總結，把中國傳統文化推向了發展的高峰。不僅如此，船山還震驚於當時的民族危機和政治變局，對導致民族衰敗、社會腐化、學風墮落的封建專制主義和封建蒙昧主義，進行了深刻的檢討和批判，提出了許多革故鼎新、破塊啟蒙的命題，從而使他成為早期啟蒙思潮的代表人物。他從絪縕化生的自然史觀出發，闡發了「道莫盛於趨時」的理論，主張「推故而別致其新」，贊成和擁護改革，提出「事隨勢遷而法必變」，並在此基礎上駁斥了一切「泥古過高而菲薄方今」的退化史觀及復古理論；他由「主動」，「尊生」而合規律地肯定人之大共的飲食男女之欲，把理欲都視作人性的重要內容，要求「合兩者而互為體」；他倡導「健」，「動」的人生觀和價值觀，呼喚人們自強不息，自覺地實現人的主體性作用，發揮人的主觀能動性，與天爭權，與天爭勝，在改天換地的偉大實踐中把自在之物轉變成為我之物，創造一個人化的自然界和合乎人道的社會。

船山繼承並發展了尚中貴和的中華民族倫理精神。他從天人關係、人人關係以及人我關係諸方面論證了和諧的要義，強調和而不同與和為貴的倫理原則，主張協和萬邦，熱愛和平。天人和諧涉及人與自然的關係。在王船山看來，天人和諧既是一種原初意義的本體和諧，又是一種發展意義的動態和諧與結構和諧。保合太和是這一和諧的意義呈現。「太和」是指陰陽未分、渾沌無間的元氣和合體，是元氣的本然狀態。「太和，和之至也。道者，天地人物之通理，即所謂太極也。陰陽異撰，而其絪縕於太虛之中，合同而不相悖害，渾淪無間，和之至矣。未有形器之先，本無不和，既有形器之後，其和不失，故曰太和。」〔註8〕絪縕，係太和未分之本然狀態。太和之中，有氣有

〔註7〕 王夫之：《四書訓義》卷一，《船山全書》第7冊，長沙：嶽麓書社版，第54頁。
〔註8〕 王夫之：《張子正蒙注》卷一，《船山全書》第12冊，長沙：嶽麓書社版，第15頁。

神。陰與陽和，氣與神和，是謂太和。「陰陽與道爲體，道建陰陽以居。相融相結而象生，相參相耦而數立。融結者稱其質而無爲，參耦者有其爲而不亂。象有融結，故以大天下之生；數有參耦，故以成天下之務。」〔註9〕「太和」之氣內部存在陰與陽兩個對立面，陽氣的本性是浮、升、動，陰氣的本性是沈、降、靜，陰陽二氣相互之間的浮沉、升降、動靜、感應，造成了宇宙萬物相蕩、勝負、屈伸的不同變化，促使其不斷地運動變化。「和」所產生的萬事萬物，包含著不同物質元素的相對統一和對立面之間的矛盾鬥爭。由於這種對立面的對立統一和鬥爭，而促使事物不斷地運動、變化、發展。王船山所論述的天人和諧並不是沒有矛盾和運動的靜態和諧，而是動靜有致、升降有度的和諧。人是實現天人和諧的主體和基本力量。「夫人者，合知、能而載之一心也。故曰『天人之合用』，人合天地之用也。」〔註10〕人受天地之中以生，當以體天繼道爲務，進而官天府地以裁成萬物，實現天人之間的動態和諧。人人和諧是和諧的又一重要形式或表現。有子說：「禮之用，和爲貴。先王之道，斯爲美，小大由之。」「和」是處理各種人際關係，解決其矛盾的最好方式。以「和」解決人際矛盾，使小事大事都處理得當，能夠產生一種化干戈爲玉帛，變腐朽爲神奇的力量。所以「和爲貴」，「斯爲美」。「和」要求人們把自己的個人利益與他人利益聯繫起來加以整體考慮，自覺地做到將心比心，推己及人。人際和諧要求人們與人爲善，助人爲樂，成人之美，「使人樂有其身、而後吾之身安，使人樂有其家、而後吾之家固，使人樂用其情、而後以情向我也不淺，進而導之以道則王。」〔註11〕人人和諧需要遵循忠恕之道，每個人都把忠恕之道作爲自己行爲的法則，就會消解人我之間的怨尤，形成和諧與共的人際關係。「盡己之理而忠，則以貫天下之理；推己之情而恕，則以貫天下之情。推其所盡之己而忠恕，則天下之情理無不貫也。」〔註12〕人際之間的利益矛盾，要通過忠恕之道來化解，因此忠恕之道是實現人際和諧的道義保證。眞正的和諧不是厮殺破裂，消滅對方解決矛盾。消滅了對方，自己的價値未必能夠獲得最大限度的實現。王夫之提出了「相反相仇則惡，

〔註9〕 王夫之：《周易外傳》卷五，《船山全書》第1冊，長沙：嶽麓書社版，第992頁。

〔註10〕 王夫之：《周易外傳》卷五，《船山全書》第1冊，長沙：嶽麓書社版，第984頁。

〔註11〕 王夫之：《詩廣傳》卷二，北京：中華書局1964年版，第55頁。

〔註12〕 王夫之：《讀四書大全說》卷六，北京：中華書局1975年版，第424頁。

和而解則愛」的命題，倡導「和而解」。落實到國家民族關係，王夫之發展了儒家「協和萬邦」和「以鄰為友」的思想觀點，強調民族與民族之間、國與國之間的矛盾，不能用「仇必仇到底」的方法去解決，而要用「仇必和而解」的方法來解決。因此，熱愛和平，和衷共濟，和睦相處是為國家之間、民族之間關係處理的正道。就處理人自我身心關係而言，王船山更認為和諧是人們修身養性所要達致的目標。和諧的身心關係，是健康人生和幸福人生的必然要義。「和」作為人生修養的道德精神境界，表現為恰到好處、適宜合度，無過無不及。《中庸》說：「喜、怒、哀、樂之未發，謂之中；發而皆中節，謂之和。中也者，天下之大本也；和也者，天下之達道也。致中和，天地位焉，萬物育焉。」人的喜、怒、哀、樂等思想感情沒有表露出來叫做「中」，表露出來適宜合度叫做「和」。「中」是天下最大的根本，「和」是天下共同遵循的原則。達到了「中和」的境界，就能使人自己身心和諧，進而使天地各得其所，萬物生長發育，人們和睦相處。「中和」是天、地、人和諧共處、並行不悖的理想境界。中和之道，是一種致廣大而盡精微之道，是人的道德修養和處事方法的最高境界。人達到了這種崇高的精神境界，既能獨善其身，又能兼善天下；既可以贊天地之化育，又可以致天下之太平，實現內聖外王的崇高境界。

船山在他生命的垂暮之年，仍孜孜不忘光復舊物，其關心國事、探尋真理的博大襟懷和奮不顧身的精神是中華民族倫理精神的集中體現。「白髮重梳落萬徑，燈花鏡影兩堪驚；故國餘魂常漂渺，殘燈絕筆尚崢嶸。」面對著甕牖孤燈、敗葉草堂，他搔首問天，續夢觀生，充分表露其「胸次」、「性靈」，把民眾的疾苦、國家的危難化為筆底的波濤，轉譯為哲學的智慧和倫理的精神！船山精神已同民族精神連為一體，不僅反映著民族精神而且充溢著民族精神。船山憂國憂民、試圖以自己的七尺之軀重鑄國魂、民魂的精神已經溶入民族精神的深處，成為民族精神的有機組成部分。在當今世界各種思想文化相互激盪、綜合國力競爭日趨激烈的情勢下，弘揚和培育民族精神理應包含著弘揚船山精神。

第八章　船山倫理對中華倫理文化的卓越貢獻

　　王船山是王陽明以後儒家倫理學說的集大成者，也是創造性地轉換儒家倫理學說，使其實現由中古的權威主義倫理向近代的人本主義倫理過渡的第一人。他不僅對先秦至宋明時期各家各派的倫理思想做出了全面批判性的清理與總結，使中國傳統倫理哲學取得了完備的形態，而且建立了一個頗有近代特色且邏輯謹嚴的倫理思想體系，賦予中華倫理文化以嶄新的發展形態和蓬勃的發展前景。船山倫理由對宋明理學的剖判起步，闢佛老而斥商韓，旁及楊墨及玄學各家，充分展現出「入其壘，襲其淄，暴其恃而見其瑕」的理論勇氣和「伸斧鉞於定論」的求真精神，即使是對宗師和推崇的孔孟儒家倫理，亦不乏「六經責我開生面」的辯證揚棄。正是這種「新故相資而新其故」，「微顯相次而顯察於微」的倫理思維方式或倫理智慧，使得船山倫理既克服了準則主義和實證主義的片面性，又克服了利己主義與利他主義、禁欲主義與快樂主義之間所存在的對立，既克服了道德動機論與道德效果論的偏頗，又矯正了道德形式主義與道德實質主義的誤差，具有辯證地揚各派之長，棄各派之短，使其合理成分在有利於人的發展完善的社會進步的基地上統一起來的因素。從某種意義上說，船山倫理是中華倫理文化發展史上的一座豐碑，它對堅持正確的倫理價值導向，推動民族倫理觀念的更新，弘揚和光大中華民族倫理傳統和倫理精神，都無愧於承前啟後、繼往開來的歷史地位或文化界標的稱謂，船山卓爾不群的倫理思想，為中華民族倫理寶庫增添了不少別開生面的內容和富於變通超時的理論個性。

　　具體來說，船山倫理對中華倫理文化的卓越貢獻表現在以下幾個方面：

　　（1）力圖突破從天道引出人道和把人道歸結為天道的天人合一的宇宙倫理模式，在「天人相分」的觀念引導下主張「依人建極」，把道德從神聖的天界拉回到現實的人間，還道德以人類主體精神的自律的本來面目。王船山認為，道德是人類社會生活所特有的人之所以異於草木禽獸的一種本質規定性或社會現象，「天道不遺於禽獸，而人道則為人之獨」。〔註 1〕作為一種人類社會生活所特有的調整人們行為的準則和規範的道德，是人們的社會關係的反映。只有在形成人們的社會關係並且主觀上意識到這種關係的時候才會出現道德，因而道德是人類進化發展到一定階段的產物。遠古時代人和禽獸相差無幾，那時「君無適主，妻無適匹，父子兄弟朋友不必相信而親」，〔註 2〕根本談不上什麼倫理道德現象。造成道德產生的社會前提是人的物質生產活動及其衣著飲食的變化，是農業的發明和火的使用。正是由於人類在漫長的生活實踐中掌握了小麥及穀物的生產技術，獲得了粒食，達到了豐飽，正是由於人類發明了火和用火煮食物，改變了茹毛飲血的生活習慣，才使得人類的性情隨之發生變化，逐步由禽獸而至人類。在王船山看來，人類從動物群中走出來的動力正是人類的生產活動即農業的發明和火的發現，「來牟率育而大文發焉。后稷之所以為文而文相天矣。嗚呼！天育之，聖粒之，凡民樂利之，不粒不火之禽心其免矣夫。」〔註 3〕如果放棄了農業的發明和火的使用，人類的本質便無法存留，最終將返回到禽獸的行列。王船山指出：「文去而質不足以留，且將食非其食，衣非其衣，食異而血氣改，衣異而形儀殊，又返乎太昊以前，而蔑不獸矣。」〔註 4〕農業生產實踐活動把本來是孤立的個人聯繫起來，形成相互依賴、相互協作的社會聯繫，為人作為道德主體創造了社會條件，同時這種實踐活動也使初民們的形體、結構發生一系列根本的變化，逐漸萌發出人類最初的意識、語言和交往，為人作為道德主體奠定了自然基礎和主觀心理基礎。奠基於生產實踐母體中的人倫關係及其經由實踐而發展起來的人對倫理關係的意識，構成了人類道德產生的兩大要件。因此，道德不是天意的產物或確證，它

〔註 1〕　王夫之：《思問錄·內篇》，《船山全書》第 12 冊，長沙：嶽麓書社版，第 405 頁。

〔註 2〕　王夫之：《詩廣傳》卷五，北京：中華書局 1964 年版，第 154 頁。

〔註 3〕　王夫之：《詩廣傳》卷五，北京：中華書局 1964 年版，第 155 頁。

〔註 4〕　王夫之：《思問錄·外篇》，《船山全書》第 12 冊，長沙：嶽麓書社版，第 467 頁。

的根源不能通過天道的論證而得以顯現，事實上它既不來源於天也不依靠於天，它是人自身活動的必然產物。離開了人自身的實踐活動及其所由以形成的人倫關係，道德既不可能產生也不可能被感到需要。船山認為，「人相與為倫而道立焉。」〔註5〕正是有了人倫關係及其同人倫關係密切相關的人與人、人與社會之間的利益矛盾，所以才出現了從道德意志上約束各種行為，從道德觀念上鞏固一定的人倫關係的必要性，才要求有「敬天地之產而秩以其分」，「重飲食男女之辨而協以其安」〔註6〕的道德行為準則。道德「秩以其分」、「協以其安」的功能在於消除人我己群間的怨尤，造成「人欲之各得」的局面，即「以整齊其好惡而平施之」，使「所惡於上，毋以使下」，「所惡於下，毋以事上」，〔註7〕使所有人的正當利益都能得到有效的尊重和滿足。船山關於道德起源、本質及其功能、作用的倫理見解，避免了混同天道與人道，以天道之必然為倫理之當然的自然主義謬誤，突出了人的道德主體性，含有把人的道德還給人自身，自己為自己立法和以人為倫理的中心和本體的近代倫理學特質。同時又在突顯人的道德主體性的過程中堅持以社會生活的需要和人倫關係的要求來論證道德的起源與功能，避免了把道德純粹歸結為人的主觀內心意願的主觀主義弊端，昭示出道德生活中主體間性或交互主體性的涵蘊，架接起一座主體倫理學與社會倫理學，自律倫理學與規範倫理學的橋梁，從而既催發了中國傳統倫理的近代轉型，又保持了中國傳統倫理文化的特色，實現著創新與繼承的統一，這不能不說是船山對中國倫理文化的一大卓越貢獻。

　　（2）擺脫人性本善、本惡的先驗人性論糾纏，提出了「性者，生理也，日生則日成也」的後天人性論。王船山認為，人性不是一種先定的存在或超驗的事實，也不是一種原始的起點或不證自明的原因，而是一種後天生成和在社會生活中不斷變化的東西，是一種依托於主觀修為和客觀習行的近似於過程或結果性的東西。因此人之性善或性惡取決於後天的道德修養和道德環境。它「未成可成，已成可革」。人性不是人生之初就已生成而不可移易的，「性也者，豈一受成侀，不受損益也哉？」〔註8〕就其形成而言，它是一個隨人之實踐活動的展開和主體能動性的發揮而不斷日生日成的過程。為什麼人

─────────────

〔註5〕王夫之：《讀四書大全說》卷三，北京：中華書局1975年版，第181頁。
〔註6〕王夫之：《詩廣傳》卷二，北京：中華書局1964年版，第60頁。
〔註7〕王夫之：《讀四書大全說》卷一，北京：中華書局1975年版，第45～46頁。
〔註8〕王夫之：《尚書引義》卷三，北京：中華書局1962年版，第56頁。

性是一個可成可革、日生日成的發展過程呢？船山認為，這是同人已生之後具有的自取自用的選擇能力分不開的。「已生之後，人既有權也，能自取而自用也。自取自用，則因乎習之所貫，為其情之所歆，於是而純疵莫擇也」。〔註9〕正是由於人已生之後所具有的選擇能力和選擇自由，能夠順著自己的習和情不斷地進行自取自用，所以人性就有了純疵之別，這也就是所謂的習與性成。「習與性成者，習成而性與成也」。習與性成因選擇取捨的不同既可以成性之善，也可以成性之惡。如果取純用粹，那就會形成善良的人性；如果取駁用雜，那就會形成邪惡的人性。船山指出：「然則飲食起居，見聞言動，所以斟酌飽滿於健順五常之正者，奚不日以成性之善；而其魯莽滅裂，以得二殊五實之駁者，奚不日以成性之惡哉？」〔註10〕人性的善惡關鍵在於人自己的自取自用是否適當，在於選擇取捨的不同。欲求人性之善，必須首先孜孜勤勉於善或繼善不綴，並且使趨善成為自己的一種道德行為習慣。船山闡發《易傳》「一陰一陽之謂道，繼之者善也，成之者性也」的觀點，提出了別具特色的繼善成性說。「甚哉，繼之為功於天人乎！天以此顯其成能，人以此紹其生理者也。性則因乎成矣，成則因乎繼矣。不成未有性，不繼不能成。天人相紹之際，存乎天者莫妙於繼」。〔註11〕「繼之則善，不斷則不善」。成性取決於繼善，繼善就是念道之不間，體道之不捨，就是弘揚天所賦予人的耳目心知及各項潛能，率天載義，自強不息，只有這樣，才能成就善良茂美的人性。動物不能繼善，因此永遠不可能具有人性的基元，它們難有「母子之恩」，即便有，但也只是本能或天命的顯現，絲毫不具有自取自用的選擇意蘊或繼善意義。「禽獸有天明而無己明」，它們不懂得也不可能去發揮什麼主觀能動性，因此，善惡均在它們的行為之外，動物的行為既不具有善性亦不具有惡性。善惡完全屬於人的行為範疇，取決於人自身的選擇取捨。如果人們能體道不捨，念道不間，日乾夕惕，執中必因，那麼人們的行為就具有善的意義，在此基礎上形成的人之人性當然就是善的。如果人們善不知好，唯旨是從，孜孜於「求食、求匹偶，求安居」，「終日勞而不能度越於祿位田宅妻子之中，數米計薪」，〔註12〕那麼其行為就會陷於自私自利進而害人害群，在

〔註9〕王夫之：《尚書引義》卷三，北京：中華書局1962年版，第56頁。

〔註10〕王夫之：《尚書引義》卷三，北京：中華書局1962年版，第57頁。

〔註11〕王夫之：《周易外傳》卷五，《船山全書》第1冊，長沙：嶽麓書社版，第1007頁。

〔註12〕王夫之：《俟解》，《船山全書》第12冊，長沙：嶽麓書社版，第479頁。

此基礎上形成的人性就會含有惡的因素。從性日生日成的人性論立意，王船山認為，善惡既然取決於人的選擇取捨，因此它就不是不可改變的，即使是已經形成的善良之性，一旦主體放鬆自己的繼善或停止自己的取純用粹活動，馬上就會向惡的方向轉化。與此相適應，即使現已形成的人性是邪惡的，只要主體自身意識到這種邪惡之性同自己的全面發展與完善的目標是相違背的，意識到這種邪惡之性同社會進步的要求是相悖離的，並且能夠從心靈深處生發出一種抑惡揚善、改惡從善的意識和行為，那麼他就完全可以使自己的人性發生由邪惡向善良的質變。由此看來，「無善則可以為善，無惡則可以為惡，適於善而善不可保，適於惡而惡非其難矣。」〔註 13〕人性的善與惡不僅相互排斥相互對立，面且也相互聯繫相互依賴，在一定條件下還可以相互轉化。沒有什麼一成不變、永恒如斯的人性。王船山的性日生日成論是人性論中別開生面的學說，他所說的繼善成性近似於黑格爾人性是「自己運動和生命力所固有的脈博跳動」的觀點，同時又有著不同於和高於黑格爾人性論的地方。船山人性論衝破了宋明理學人性論的藩籬，具有近代人性論和科學人性論的特質，它的精細博大之處在於較好地論證了道德自主活動同人性形成、發展和完善的關係，對「人為什麼應當講道德」的問題作出了獨到的回答。

（3）矯正存理滅欲論和貴義賤利論的偏弊，創造性地提出「理欲合一論」和「義利並重論」，並將融鑄整個中華民族根本利益的古今之通義提升到義的最高層次和至善的地位，從而將中華民族的倫理價值觀發展到一個嶄新的水平。王船山尖銳地批判了程朱理學將天理與人欲對立起來，鼓吹「存天理，滅人欲」的禁欲主義思想傾向，明確指出天理寓於人欲之中，人欲之中有天理。人欲的存在是任何人都不能抹煞和否認的，「聲色臭味之欲，上智所不能廢」。〔註 14〕人需要也離不開人欲，「有聲色臭味之欲以厚其生」。〔註 15〕天理作為人們對自己生活目標和意義追求的價值確證，是建築在對人欲的肯定或對人之生存本身的肯定的基礎之上的，沒有也不可能有更不應該有完全脫離人欲的天理。「天下之公欲，即理也；人人之獨得，即公也。道本可達，大人

〔註 13〕王夫之：《尚書引義》卷一，北京：中華書局 1962 年版，第 21 頁。
〔註 14〕王夫之：《張子正蒙注》卷三，《船山全書》第 12 冊，長沙：嶽麓書社版，第 128 頁。
〔註 15〕王夫之：《張子正蒙注》卷三，《船山全書》第 12 冊，長沙：嶽麓書社版，第 128 頁。

體道，故無所不可達之於天下」。〔註16〕「人欲之各得，即天理之大同；天理之大同，無人欲之或異。」〔註17〕王船山認爲，天理與人欲是統一的，天理存在於人欲之中並通過人欲來體現，人欲的各得與正當滿足即是天理，故「終不離人而別有天，終不離欲而別有理也」。〔註18〕既然天理必寓於人欲以見，人欲之中有天理，那就不能通過「滅人欲」而去「存天理」。「滅人欲」而「存天理」不但不能「存天理」相反還會導致天理的空無或使天理滅絕。「吾懼夫薄於欲者之亦薄於理，薄於以身受天下者之薄於以身任天下也」。〔註19〕他稱程朱理學的「存天理滅人欲」的說教而爲「裂天彝而毀人紀」的謬說淫詞，大膽地主張「君子之自求於威儀，求諸聲、色、味也。求諸聲、色、味者，審知其品節而慎用之，則聲、色、味皆威儀之章矣。目歷玄黃，耳歷鐘鼓，口歷肥甘，而道無不行，性無不率。」〔註20〕人們只有入五色而用其明，入五聲而用其聰，入五味而觀其所養，才可以周旋進退，以立人道之常。當然，王船山所講的理欲合一是一種辯證的理欲合一而絕非機械的理欲合一，這種理欲合一在反對禁欲主義的基礎上並未走向其反面縱欲主義的道路上去，而是在肯定人欲合理性的同時主張對之進行正確的引導，使其沿著健康的方向發展。船山的理欲合一論既肯定天理必寓於人欲以見，人欲之中有天理，又未簡單地將人欲直接等同於天理。在他那裏，「必寓於人欲以見」的天理所首肯的是「各得」的人欲，而不是「同我者從之，異我者違之」的私欲，是「大公」的人欲，而不是「逐物而往，恒不知反」的意欲。對於那種非各得和非至正的人欲，有必要從道義上予以約束和抑制，只有這樣，才能保證人欲的正當滿足和合理實現，才能實現理欲的辯證合一。由於比較清楚地意識到理欲之間的辯證性，使得王船山一方面批判了程朱理學及佛教的禁欲主義學說，另一方面又批判了楊朱及魏晉玄學的縱欲主義學說，創立了有別於前人的辯證的理欲合一論。船山的理欲合一論既是合理的又是深刻的，不僅透露

〔註16〕王夫之：《張子正蒙注》卷四，《船山全書》第 12 冊，長沙：嶽麓書社版，第 191 頁。

〔註17〕王夫之：《讀四書大全說》卷四，《船山全書》第 6 冊，長沙：嶽麓書社版，第 639 頁。

〔註18〕王夫之：《讀四書大全說》卷八，《船山全書》第 6 冊，長沙：嶽麓書社版，第 911 頁。

〔註19〕王夫之：《詩廣傳》卷二，《船山全書》第 3 冊，長沙：嶽麓書社版，第 374 頁。

〔註20〕王夫之：《尚書引義》卷六，北京：中華書局 1962 年版，第 148 頁。

出試圖突破中世紀黑暗的近代人文主義思想的曙光，而且也昭示出力圖避免早期人文主義思想弊端的理性主義光輝。

　　關於義利之間的關係，王船山在批判程朱理學「不論利害，惟看義當爲與不當爲」的貴義賤利論的基礎上主張將義利統一起來，並重義利。在王船山看來，「立人之道曰義，生人之用曰利」，〔註21〕義利對於人生各有其不同意義和作用，二者不可分割，缺一不可。利是人的生存發展所必須的功用和效益，「出利入害，人用不生」。離開了滿足自己生存和發展需要的功利效用，人就無法保持自己生命機體的活動和延續，從而使人的一切活動都將無從談起。可見，利是不可或缺的。人們奮鬥所爭取到的一切，都同他們的利益相關。正是爲了滿足自己生存發展的物質欲求，獲得有利於自己生存發展的功利效用，人們才進行著「因天之能，盡地之利」的改造自然的實踐活動。爲了免除飢餓的痛苦，人們從事著耕種稼穡的生產勞動，爲了抵擋寒冷的襲擊，人們「輯裘以代毛」，進而種麻養桑，紡紗織布。而這一切都是同人滿足自己生存發展的物質需要的利密切聯繫在一起的。義是人之所以爲人的價值目標和精神確證，是人立身行世、待人接物的基本原則及其法度。人要使自己同動物區別開來，過一種眞正的人的生活，要使自己擁有高尚的精神情操，得以無愧地立於天地之間，就必須講求和遵循道義。既然義利同爲人們所必需，那麼就應當使義利統一起來，形成既重功利又重道義的倫理價值觀。在王船山看來，道義作爲社會倫理的準則規範和立人之道的確證同人們的物質利益是相輔相成、相互爲用的，道義本質上是對一定利益關係的價值認定和維護，沒有也不可能有完全脫離功利的所謂道義。「義者，利之合也，知義者，知合而已矣。」〔註22〕義即是積聚、統合的利，知義就是認識和掌握積聚、統合利的道理。義具有滿足人們所必需的物質利益要求的社會功用，「事得其宜，則推之天下而可行，何不利之有哉？」〔註23〕因此，「義之與利，其途相反，而推之於天理之公，則固合也」。〔註24〕利是義的基礎，「利者義之和也」，「利

〔註21〕　王夫之：《尚書引義》卷二，北京：中華書局1962年版，第36頁。
〔註22〕　王夫之：《春秋家說》卷下，《船山全書》第5冊，長沙：嶽麓書社版，第268頁。
〔註23〕　王夫之：《四書訓義》卷八，《船山全書》第7冊，長沙：嶽麓書社版，第382頁。
〔註24〕　王夫之：《四書訓義》卷八，《船山全書》第7冊，長沙：嶽麓書社版，第382頁。

物足以合義」，能夠使天下人民各得其利本身即是最大的道義。就一個社會來說，庶民百姓豐衣足食、安居樂業，「仰足以事父母，俯足以畜妻子，樂歲終身飽，凶年免於死亡」，這種現象本身即是道義的體現和表徵。因此，「夫功於天下，利於民物，亦仁者之所有事」。更為可貴的是，王船山還區分了義利的不同層次，認為義有「一人之正義」「一時之大義」和「古今之通義」三種不同的層次和類型，利也有天下之公利、人民之當利和一己之私利之分。就利來說，天下之公利，人民之正當的個人利益都是社會道義所要加以肯定和維護的，其中維護國家統一和民族團結的天下之公利是一種最高層次的利或大利，而人民為滿足自己生存發展需要的正當的個人利益次之。那種「專務為己」，不惜傷害他人利益和社會整體利益的「一己之私利」則是不符合社會道義的基本精神及其價值要求的，這種一己之私利「利於一事，則他之不利者多矣；利於一時，則後之不利者多矣」〔註25〕因而是必須加以抑制和反對的。就義來說，古今之通義與天下之公利是一種相互確證和涵攝的關係，亦即古今之通義所要維繫和護衛的正是國家民族的根本利益和長遠利益，而國家民族的根本利益和長遠利益構成古今之通義的核心內容並以民族大義的形式表現出來。一時之大義維繫和護衛的常常是統治階級或某一集團的整體利益和集體利益，一人之正義維繫和護衛的則是某一君主或某一個體的個人利益。如果某一君主，某一統治階級的利益是同國家、民族的根本利益和長遠利益相貫通的，那麼一人之正義和一時之大義就具有公的性質，理應受到尊崇。如果某一君主，某一統治階級的利益同國家、民族的根本利益和長遠利益相悖逆，那麼一人之正義和一時之大義就具有私的性質，理應受到輕視。王船山以「公者重，私者輕」的價值標準來評量三種不同類型的義，主張「不以一人疑天下」，「不以天下私一人」，忠君之義必須無條件服從關係國家統一、民族團結的古今之通義。如果不能服從，忠君之義就是沒有價值的。他認為像岳飛那樣片面的忠君行義只能造成「古今之通憾」，這種「一人之正義」有它嚴重的弊端和失誤，不宜提倡。義利關係有不同的層次及其組合範型，我們應當同時並重的是古今之通義和天下之公利；而對於同古今之通義相聯的一時之大義和一人之正義以及同天下之公利相關的生民之正當的個人利益，亦要給予應有的尊重；對於那種同古今之通義相背離的一時之大義和一

〔註25〕 王夫之：《四書訓義》卷八，《船山全書》第 7 冊，長沙：嶽麓書社版，第 382 頁。

人之正義以及那種同天下之公利相對立的一己之私利，無疑應給予應有的鄙夷與輕視。這種將義利範疇同公私範疇聯繫起來，對義利都採取分析剖判的重公義、行公利的義利並重觀既是具體深刻又是高遠恢宏的，它在使中國傳統的義利觀實現去粗取精、去偽存眞的歷史轉換的同時更使其體現出推陳出新、革故鼎新的品格與特徵，爲光大中華倫理文化作出了不可磨滅的貢獻。

　　（4）批判了善惡道德宿命論和人生遭遇宿命論，提出了善惡道德和人生命運均依乎人之主體能動性的修爲論和造命論學說。在王船山看來，人是道德的主體，在道德善惡面前，人並不是無能爲力的。善惡是人自己選擇和造就的，人同樣可以通過自己的道德修養改惡從善，抑惡揚善，使自己成爲有高尙道德品質和精神境界的人。船山指出：「我者德之主，性情之所恃也」。道德上的好壞都與我的修養與追求息息相通，舜何人，彼何人也。只要自己堅持以道義爲心，正志立誠並且能夠處處身體力行，躬行踐履，就可以使自己成爲像舜那樣有德的人。相反，把一切歸結爲天命必然和外在環境，不去發揮自己的道德主體性，勢必落入道德宿命論的窠臼，而道德宿命論之道德已經不是人的道德或從根本上取消了道德，它導向的是道德無用論和道德虛無主義。「懸一性於初生之頃，爲一成不易之侀，揣之曰：『無善無不善』也，『有善有不善也』，『可以爲善可以爲不善』也，嗚呼！豈不妄與！」〔註26〕善惡不是先天的定在和不可更改的，它是人們後天的行爲選擇所致，是完全可以改變而且也能夠改變的。人擁有自己的意志自由和選擇的權利，能夠通過後天的道德修養活動使自己成爲道德的主人，創造出一個道德生活中全新的自我。與此相適應，王船山還批判了人生遭遇宿命論，認爲人是自己人生命運的主人，人不僅能夠「俟命」、「受命」，而且能夠「立命」、「造命」。在王船山看來，命運既不是什麼空虛的神秘的不可捉摸的東西，也不是絕對自由的自我主觀設定，更不是無法理解無可改變的抽象物。命運就是存在於人之生存、發展過程中的客觀必然性及其藉以表現出來的偶然性。人之初命是客觀必然的，即人不能選擇自己的出生及社會環境，受命是必然中的偶然，即人在既生之生接受自然界的給予饋贈和社會人生的教化培育因人而異，但在人的漫長的一生和命運之鏈中，初命所佔的比重是很小的，受命所佔的比重亦不是很多，大量的則是人自己的俟命、立命與造命，即人能夠通過對必然的認識與改造而獲得自由，改變既成的初命和現存的受命，重新塑造和再

〔註26〕王夫之：《尚書引義》卷三，北京：中華書局 1962 年版，第 57 頁。

現自己的命運，使自己成為人生命運的操縱者和把握者。人不同於只能用其初命的禽獸在於他不滿足於既成的初命，他要通過自己的主體能動性及其自取自用的選擇能力和選擇自由，不斷地變化初命，改造受命，形成「日新之命」，使自己的命運越來越具有自我選擇自我創造的意蘊。人憑藉自己的主體能動性既然可以官天府地以裁成萬物，創造一個人化的自然界，同時也可以改變和重寫自己的歷史，創造一個全新的自我。不僅君相可以造命，一般的普通老百姓也可以造命，也能夠成為自己命運的主人。從來就沒有什麼救世主，人的命運是人自己造就的，人的幸福要靠人自身去創造去尋覓去追求。惟有造命才能談得上真正遵循和把握必然規律，等待時機以有所作為；也只有在充分地認識和把握了客觀必然的基礎上才能真正談得上創造自己的人生命運。與造命說相聯繫的是立命，立命即是以自己為人處世的基本原則以及理想抱負去為自己的人生開闢一條通路，即使在不利的生存環境下也應當注重發揮自己的主體性作用，使不利因素向有利因素轉化。人之所以需要立命是為了更好地造命，造命的過程即是在立命的指導下實現造命，開拓新的人生命運的過程。造命之難在於立命，立命是對一個沒有展開的人生命運的深刻認識與科學把握，它是造命之始亦貫穿於造命的全過程，成功的造命總是首先得益於理性或科學的立命。因此，從某種意義上講，立命比造命要更有遠見卓識和人生的睿智膽量。只要人們能夠立命，就能夠實現「命在己矣」的造命。根據這種立命與造命相統一的觀點，王船山無情地抨擊了那種唯心主義的天命論，指出：「舉凡瑣屑固然之事而皆言命，將一盂殘羹冷炙也看得關天動地，直慚惶殺人！且以未死之生、未富貴之貧賤統付之命，則必盡廢人為，而以人之可致者為莫之致，不亦舛乎！故士之貧賤，天無所奪；人之不死，國之不亡，天無所予；乃當人致力之地，而不可以歸之於天」。〔註27〕天是沒有意志更沒有好惡情感的自在之物，它絕對不可能有一種使一部分人富貴，使另一部分人貧窮的無形力量在冥冥中統率指揮著人類。人的命運從總體上講，是社會生活和人自身造就的。安於命運或信守這種非造命的命運也同人自身的行為及其價值選擇密切相關。從人是自己命運的主人的觀點立論，王船山倡導一種珍生務義，趨時更新的人生觀，把「以身任天下」、「建一代規模」視為人生應有的理想與抱負，強調「貞生死以盡人道」、「保天心以立人極」，在人生的漫漫征途中永遠自強不息，發憤忘食，為祖國為人民建

〔註27〕王夫之：《讀四書大全說》卷十，北京：中華書局1975年版，第723頁。

功立業，實現內聖與外王的合一。即便是處逆亂垂亡之世，亦應當不爲世所顛倒，保持一種「歷乎無窮之險阻而皆不喪其所依」，「泊然於生死存亡之際而不失其故」的浩然正氣和至大至剛精神。造命主義要求人們敢於面對人生的坎坷與挫折，在嚴峻的生活考驗面前始終保持自己的理想信念，富貴不淫，貧賤不移，威武不屈，孜孜不倦地走自己選擇的人生之路。王船山的這種人生論突顯著人的主體性特徵，使中國傳統的人生論實現著由消極到積極，由封閉到開放，由悲觀到樂觀的歷史性轉換，從而使中國人生哲學發展得更爲健康和合理，更適合社會進步的要求和人性完善的目標。

此外，王船山拋棄了傳統倫理「天不變道亦不變」的陋說，提出了「道莫盛於趨時」的理論，比較深刻地闡發了道德的歷史性和相對性。他的「事隨勢遷而法必變」以及「漢唐無今日之道，則今日無他年之道者多矣」〔註28〕的思想一掃道德永恒論的陰霾，並構成歷史進化論和道德現實主義的基本內容。與此相適應，他對惡在歷史上發展作用的辯證性分析以及善惡矛盾相互轉化的思想不僅與康德、黑格爾「理性的機巧」說極爲相似，而且比康德、黑格爾的論證要更爲獨到、深刻和全面，它無疑是對中國倫理文化的卓越貢獻。

總之，王船山的倫理思想是十七世紀中國倫理思想的傑出代表。他通過批判性地清理和總結中國古代倫理思想，並用樸素形態的唯物辯證法分析和研究歷史和現實的諸種道德現象，貢獻給了中國倫理文化許多別開生面的新內容。雖然船山倫理也有它自身不可避免的消極因素及其封建倫理的糟粕，但它對中國倫理文化的貢獻是第一位的。今天，我們建設有中國特色的社會主義新倫理，既要集中精力研究當代中國的道德現狀及其道德現代化諸問題，同時也要注重發掘民族倫理文化的源頭活水，總結、繼承像船山倫理這樣博大宏闊、幽深警策的倫理思想。只有這樣，才能夠創造出適乎人類倫理髮展之潮流又具有本民族倫理的特色，既有歷史感又有現實感的現代倫理和二十一世紀的中國倫理！

〔註28〕王夫之：《周易外傳》卷五，《船山全書》第 1 冊，長沙：嶽麓書社版，第 1028 頁。

後　記

　　本書是我對王船山倫理思想研究的成果彙集，分爲《船山倫理與西方近代倫理比論》和《船山倫理思想專論》兩部分，反映了我自上個世紀八十年代以來對船山倫理思想研究的主要成果。其中《船山倫理與西方近代倫理比論》於 1992 年由國際展望出版社出版，係紀念王夫之逝世三百週年而作。該著運用的是一極對多極的擴大的價值形式的比較，旨在更好地展現船山倫理思想的基本特徵與世界意義。1992 年紀念王船山逝世三百週年國際學術研討會在湖南衡陽市召開，當時我作爲衡陽師範高等專科學校參加會議的一名青年教師在會上作船山倫理思想的專題發言，得到國內外一些船山思想的資深學者的認同和好評。此次重新出版，我作了個別修改，並對注釋作了全面的清理與更正。《船山倫理思想專論》中的成果大多係我九十年代以後所寫的專題研究論文，其中包含義利觀、理欲觀、生死觀、誠明觀等。三十多年的船山倫理思想研究，雖然因其他研究任務多有中斷，但那些倫理學基礎理論、中國倫理思想史乃至西方倫理思想史的研究，反過來又繼續深化和拓展著我的船山倫理思想研究，就這樣使我的倫理學術研究與船山倫理思想結下了不解之緣。我在讀船山遺書的過程中，發覺船山倫理思想不只是船山一人的倫理思想，更是明末清初一代啓蒙思想家乃至整個中華民族的倫理思想。船山倫理思想不僅承前或繼往，而且啓後或開來。以至於可以說，船山倫理思想是中國倫理文化史上的一座橋，無論是考源溯流，研古論今，亦或是觀今鑒古，尋流溯源，都需要經過這座橋。不停地穿梭往來於這座橋上，我獲得了中國倫理思想史的完整理解和深厚學養，並通過與西方倫理思想的比較深化了對西方倫理思想特質和價值的認識，從而得以更深入地研究倫理學基礎理

論和當代應用倫理學理論。這些年來，我之所以能對倫理學理論有所研究，應該感謝對船山倫理思想的研究，它是我學術研究的一個支撐點，是我不斷地從其中汲取理論營養和學術信念的理論寶庫。

我的船山倫理思想研究，得到過諸多師長、學友和領導的關心與扶持。已故著名哲學家、北京大學哲學系教授、中國哲學史學會名譽會長張岱年先生當時不顧年邁體弱毅然予以悉心指教與幫助，數次談話與點撥，數封書信往來，還有欣然作序，使我倍受鼓舞，至今仍歷歷在目。清華大學哲學系教授、中國倫理學會會長、著名倫理學家、我的良師益友萬俊人先生給予了熱情的鼓勵與鼎力扶持，並提出了許多寶貴的修改意見。武漢大學的蕭萐父先生、唐明邦先生、郭齊勇先生都是船山思想的知名教授，對我的研究也給予了諸多教誨與指導。他們獎掖後學的崇高品德，激勵我在船山倫理思想研究的征途中奮力前行。我的碩士研究生導師、北京大學哲學系魏英敏教授，和我的博士研究生導師、湖南師範大學倫理學研究所唐凱麟教授均對我的研究給予了精心的指導與鼎力扶持。華東師範大學的朱貽庭教授、楊國榮教授，中國人民大學的張立文教授、蕭群忠教授，清華大學的陳來教授等不僅對我的船山倫理思想研究多有鼓勵，而且當我受命衡陽師範學院社會科學學報「船山研究」專欄組稿時欣然予以支持，將自己的力作惠賜，給了我極大的信心和力量。原中共衡陽市委副書記陳伯槐，原衡陽市社聯蕭起來主席、黃隆順主席、熊考核秘書長，湖南省社會科學院的王興國研究員、徐蓀銘研究員，以及我的大學同學鄒智賢等，對我的船山倫理思想研究都給予了令我無法忘懷、也難以回報的指導與扶持。我謹以此書獻給他們，但望此書能表達我對他們由衷的敬意和感激！

船山倫理思想博大精深，船山精神特立獨行。船山的那種坐集千古之智，那種「六經責我開生面」的學術期許，那種「殘燈絕筆尚崢嶸」的學術堅執，以及那種「貞生死以盡人道」，「保天心以立人極」的學術致思路徑與價值追求，永遠是我們學習的榜樣。我們要繁榮發展中國特色的哲學社會科學，不僅需要王船山那樣致力於民族文化和哲學的學術創新，更需要那種「不為貧窮而怠乎道」的學術氣質和學術信念，需要那種「亭亭鼎鼎，風光月霽」式的瀟灑安康，只有這樣才能「參萬歲而立一成純之局」，才能以篤實光輝屹立群峰之表，「當世之是非、毀譽、去就、恩怨漠然與己無與，而後俯臨乎流俗

污世而物莫能攖。」〔註1〕船山於明清之際的歷史變局中始終懷抱著民族復興的中國夢，並爲中國夢的實現從事著哲學倫理學的創造與精神建構，他的精神與學術創造已經融入民族文化和倫理魂魄的鍛鑄之中，其「胸次」、「性靈」、「氣量」、「境界」已經成爲中華民族偉大復興之中國夢的重要組成部分。「惟其超越，是以和易。光芒燭天，芳菲匝地。深潭映碧，春山凝翠……〔註2〕。

王澤應

2013 年 5 月 1 日於湖南長沙嶽麓山

〔註 1〕 王夫之：《俟解》，《船山全書》第 12 冊，嶽麓書社版，第 481 頁。
〔註 2〕 王夫之：《薑齋文集》卷四，《船山全書》第 15 冊，嶽麓書社版，第 145 頁。